社群粉丝经济玩转法则

（实战强化版）

郑清元◎著

人民邮电出版社

北京

图书在版编目（ＣＩＰ）数据

社群粉丝经济玩转法则：实战强化版 / 郑清元著
. -- 北京：人民邮电出版社，2017.1（2020.4重印）
ISBN 978-7-115-44062-4

Ⅰ．①社… Ⅱ．①郑… Ⅲ．①网络经济－研究 Ⅳ.
①F49

中国版本图书馆CIP数据核字(2016)第273573号

内 容 提 要

　　在移动互联网连接人人的今天，社交媒体让粉丝经济、社群经济的价值大发异彩。市场中，靠大众化产品赢得消费者的局面已经成为历史，而小众化、定制化、个性化的产品则受到粉丝们的青睐。

　　本书从社群和粉丝经济入手，通过探讨社群和粉丝的产生、发展及行为模式，向读者展示社群粉丝经济的构建和营销模式。本书提供几十个极具实操性的成功案例，并从案例中深入分析落地方法，教会读者如何构建社群，并引导粉丝消费、支持、宣传产品与服务，为企业产品设计、营销模式、客户关系管理等方面提供可行性方案。

◆ 著　　　　郑清元
　　责任编辑　李士振
　　责任印制　周昇亮

◆ 人民邮电出版社出版发行　　北京市丰台区成寿寺路 11 号
　　邮编　100164　　电子邮件　315@ptpress.com.cn
　　网址　http://www.ptpress.com.cn
　　北京九州迅驰传媒文化有限公司印刷

◆ 开本：720×960　1/16
　　印张：15.75　　　　　　　　2017 年 1 月第 1 版
　　字数：358 千字　　　　　　2020 年 4 月北京第 3 次印刷

定价：49.80 元

读者服务热线：(010)81055296　印装质量热线：(010)81055316
反盗版热线：(010)81055315
广告经营许可证：京东工商广登字 20170147 号

用粉丝经济打开财富之门

曾几何时，"粉丝"不再是娱乐圈的高频率词语，随着互联网的发展与智能手机的普及，"粉丝"一词变成对某种事物热爱的特定群体的表述，随之出现了"果粉""米粉"等，由此诞生的"粉丝经济"，开始成为重构商业模式的重要力量。

近几年，腾讯QQ、微博、微信公众号等自媒体日益壮大，由此引发激烈的"夺粉大战"，在这场没有硝烟的战争里，依靠"粉丝经济"名利双收的自媒体比比皆是。

传统商业模式中，企业总是想方设法留住消费者，但因技术条件有限，通常要花费巨大成本。而随着移动互联网的崛起，整个商业模式发生了天翻地覆的变化，企业吸引消费者的成本大大降低，方式和途径变得更加丰富。特别是"粉丝经济"的兴起，让企业有了一夜爆红的可能。

从腾讯近几年的发展来看，其受众群体之所以不断壮大，原因在于其大力进行社群建设，努力构筑社群经济氛围。2002年腾讯QQ群首创群聊形态，将互联网"以人群聚集、实现信息互通与传递"的作用表现得淋漓尽致，这是其社群1.0形态。而腾讯QQ社群2.0形态则是基于拥有相同爱好的陌生人社群，熟人与陌生人社交相互掺杂，加上企业营销者多样化的QQ群建设，QQ社群的品牌号召力逐步得以彰显。到了2015年，腾讯正式提出社群3.0的概念，以人为中心，腾讯立志将社群打造为可以同时容纳人、信息、服务、内容和商品的载体，并让社群沟通一切。这也说明，互联网＋社群将要深刻地改变商业模式，改变我们的生活和交流、沟通形态。

当然，这仅仅是当下社群经济浪潮中一个精彩的剪影，从这个剪影中我们可以清楚地看到，互联网时代是一个以"人"为核心的时代，缺少了"人"这个要素，所有元素都变得苍白。2014年春节，微信、微博、支付宝掀起抢红包大战，很多企业利用红包成功实现了营销，培养了一大批铁杆粉丝，并塑造了良好的口碑，这还是最普通的社群经济形式，更不用说吴晓波、"罗辑思维"等精准的社群粉丝经济形态了。

本书基于粉丝经济与社群崛起，从社群和粉丝经济入手，通过探讨社群和粉丝的产生、发展及行为模式，向读者展示社群经济的完整形态。强化版则更加强调内容的实操性，补充了许多新的内容和新的方法。在本书翔实的案例中，读者不但能够厘清社群粉丝经济的脉络，更能从中明白如何拥有忠实粉丝，如何构建社群，并引导粉丝消费、支持、宣传产品与服务。如此，创业者和企业便可轻松销售，可以在个性化、定制化的路上走得长远，还可以低成本口碑营销，赢得市场竞争的一席之地！

随着移动互联网的发展和智能手机的普及，相信社群经济、网红经济将以更加崭新的形式崛起，并引领商业经济的发展潮流，影响企业的营销模式和产品形态。企业若不能培养出忠实粉丝，不能围绕产品与服务构建社群，未来的市场竞争中将面临诸多困难！

Part 1 进击的粉丝经济与社群经济

粉丝经济为创业者和企业带来了莫大的财富机遇，再加上社群经济、网红经济，粉丝的价值被逐步放大。这个讲求参与感的时代，没有粉丝寸步难行。不懂得运营粉丝，营销将无法持续。从现在开始培养属于自己的粉丝，他们将支撑你走向成功。

Part 2 让你的粉丝感到"骄傲"

随着消费模式的升级，人人都想拥有个性化的消费体验，千篇一律的产品再也引不起大家的兴趣。在千万人当中，为什么你的粉丝会关注你？因为他觉得你有独特的魅力，关注你能够彰显他的品味，能够让他感到骄傲。这样的粉丝，才是你最精准的用户。

Part 3

做"人"比做"企业"更能吸引粉丝

不论是微博还是微信，具有个性化的、人格化的账号总会获得粉丝青睐。因为人格化的东西总是透着人的个性，具有可触摸的温度。所以，让你的社交账号充满人性，带上你的个性，粉丝才觉得亲切。

Part 4

粉丝培养与社群构建七步走

粉丝培养是一个长期的过程，也是需要精心策划与坚持的。一夜爆发的粉丝，充其量只是围观者，并不是你真正精准的用户。而面对你最精准的粉丝，请给他们一个温暖的家——社群。有了社群，粉丝才有归属感，才会呈现出滚雪球般的复制力量。

把粉丝当用户，保持服务心态

Part 5

很多企业或个人，在获得巨量粉丝后，总会得意忘形，以高高在上的姿态面对粉丝。但别忘了，正是粉丝的支持才让你拥有了高曝光度和高支持率，失去了粉丝，你就失去了用户基础和营销通道。请善待你的粉丝，尽心服务好他们！

离粉丝和社群越远，市场离你越远

Part 6

移动互联网下的市场，呈现出一个明显的特征：有粉丝的地方才有机遇。不论多么厉害的企业，如果没有任何粉丝的支持，市场就会逐渐远离。拉近与粉丝的距离，接近粉丝，与粉丝打成一片，你的市场机遇自然到来。

Part 7

离粉丝越近，市场之路开拓越宽

粉丝经济已经融入市场的方方面面，当企业的 CEO 也开始像明星一样大量曝光、大量吸引粉丝的时候，市场机遇会悄然到来。不论是产品生产，还是产品营销，借助粉丝的力量，走个性化之路，企业的未来将一片坦途。

Part 8

留住"死忠粉"比"拉新"更重要

庞大的粉丝群固然重要，但如果没有忠实的粉丝时刻簇拥，庞大的粉丝群体也是一盘散沙。不管怎样，请给你的粉丝一个留下来的理由，让他们成为你的"死忠粉""铁杆粉"。让他们为你带来无尽的粉丝和用户，产生滚雪球效应。

Part 1

进击的粉丝经济
与社群经济

粉丝经济为创业者和企业带来了莫大的财富机遇，再加上社群经济、网红经济，粉丝的价值被逐步放大。这个讲求参与感的时代，没有粉丝寸步难行。不懂得运营粉丝，营销将无法持续。从现在开始培养属于自己的粉丝，他们将支撑你走向成功。

1.1 一千个铁杆粉丝就可以养家糊口的时代

一般情况下，如果某一类人被冠上"铁杆粉丝"的帽子，那其一定是某个人或者事物的狂热追求者，他愿意为此付出，并从中获得精神上的满足。当下最"潮"的社群营销，正是利用粉丝的这种狂热，**将一群有共同爱好的人，通过虚拟的社区聚集到一起，由此实现自我推广和扩大市场占有率的目的。**当然，体验过社群营销的人肯定知道，这种营销方式不但不令人生厌，反而会让人"欲罢不能"，心甘情愿掏腰包。

互联网营销发展到今天，早已过了"随便在网络媒体上发布产品都会有人购买"的时代，如果不培养自己的"铁杆粉丝"，十有八九会出现"昙花一现"的局面，正因为这样，准确捕捉消费者的需求，逐渐将其培养成自己的"死忠粉"就显得尤为重要。

不妨脑补这样的画面：

不论你创造出什么作品，他或她都会付费购买；他们愿意打"飞的"来听你唱歌，并花钱拥有价格昂贵的正版套装；他们会将你的名字添加到快捷键中，便于第一时间掌握与你有关的讯息；他们会爱屋及乌地购买和你有关的产品……

很显然，他们便是你的铁杆粉丝。

社群营销之所以能够成功，就是社群领袖通过与铁杆粉丝建立直接联系，从而令他们有足够的空间和渠道支持其个人或者品牌。越早培养铁杆粉丝，就越早拥有天使用户。因为只要有天使用户认同你的产品，并乐意将其传播给周围的人，你就如同获得了天使投资。

那么，蕴藏在粉丝当中的能量是如何发挥出来的呢？

1. "铁杆粉丝们"与品牌的距离为零

在"技术使用周期"理论中，当某个新产品问世，会依次遇到五个用户群体，分别是：出于好奇心而购买的创新型用户；先于别人体验杀手级应用软件的早期用户；等待产品技术完善、价格适当下降后再购买的实用主义用户；最后成为得到验证的产品用户群体的保守型用户；始终不愿意接受新事物的用户群，如图 1-1 所示。

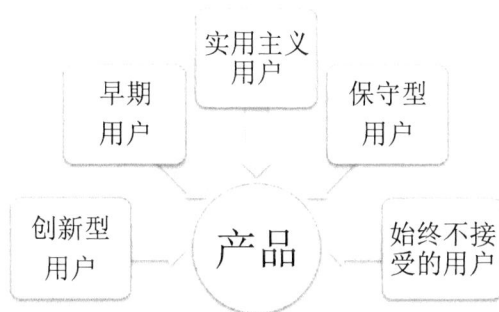

图 1-1　产品上市遇到的五个用户群

不论哪一种用户，他们的周围同样存在这五类人，经过周而复始的信息传播，有些人会对创造该产品的品牌以及创作团队、创作背景产生浓厚兴趣，他们更加愿意在其搭建的平台上，与品牌进行互动，这便拉近了用户与品牌的距离。

不过，能够称得上是"铁杆粉丝"的用户，与品牌的距离几乎是零，甚至每天都会谈论与品牌有关的话题，原因就是在这个品牌所创建的虚拟社区中，时不时会看到推送的新消息，这些消息大到新产品发布，小到一个笑点不高的段子，都会吸引铁杆粉丝们的注意力。

这个过程中，不要忽视了粉丝之间互动的作用，他们之所以有"谈资"，能够长时间的在这个社区里进行讨论，多半是因为购买了它的产品。夸张点说，**品牌运营团队不需要整天发布广告，只需要把粉丝们聚集到一起，抛一些话题给他们或者定期组织活动，这个社区自然会热闹起来。**

不论是品牌与粉丝，还是粉丝们之间，互动得越频繁，彼此的距离越近，如果能够实现"亲密接触"，品牌推广就会容易的多。

2. "铁杆粉丝"让品牌实现"不看广告，看疗效"

互联网营销之所以发展迅猛，很大程度上得益于企业让潜在消费者认同它的产品"很好"，因为大家能够通过网络媒体，对产品性能、功效等有更加强烈、直观的感受。不过，当所有企业都开始这样做时，用户就会产生逆反心理，产生怀疑情绪。

铁杆粉丝们就能打破这一僵局，因为他们是与品牌互动最多的人，既了解其背景，又很熟悉产品，并且都进行过亲身体验。如果品牌的铁杆粉丝们告诉身边的人："我觉得这款洗发水真不错"，那其口碑绝对比企业海量的广告更有效。

3. "一千个铁杆粉丝"足以让创业者获得第一桶金

例如，国外的 Lawrence Watt-Evans 就运用积累铁杆粉丝的方式发布了自己的最新小说。他要求铁杆粉丝每月支付 100 美元，交换条件是他拿到钱后就放出小说的下一章，整部书在一开始，只在网上对他的铁杆粉丝公开，之后再进行纸质印刷，其他书迷才能看到。

对于大部分草根创业者来说，如果能培养起"一千个铁杆粉丝"，或许就可以养家糊口。例如，一个出色但不出名的绘本师，不妨尝试在网络媒体上发布自己的作品，假设在他所生活的城市中，有一部分人喜欢并关注他的作品，他便成了微名人，至少养活自己是完全没有问题的。

当然，只要他肯坚持，微名人的效应会继续扩大，他也能够从中培养自己的铁杆粉丝，接下来，他就可以运用 Lawrence Watt-Evans 的方法，不断加深自己的影响力。

如今，社群的影响越来越大，粉丝产生的经济价值也已经不容小觑，作为创业者和企业营销者，该从粉丝与社群的互动中得到哪些启示呢？

1. 魅力人格是吸引粉丝的关键

图 1-2，反映的是粉丝的不同层次，其中魅力人格是关键：

从图 1-2 中不难发现，想要与铁杆粉丝保持近距离，创业者的人格魅力是必不可少的先决条件。这里所说的"人格魅力"是一个广义的概念，你和你的产品、品牌越能够满足用户的需求，你的"人格魅力"越容易凸显。

①**精准产品的受众群体**。这是掌握用户需求的第一步，不论传统品牌还是随着互联网运用而生的新兴产品，无一例外地要对用户进行精确划分，才能有针对性地建立网络社区，从而吸引"志同道合"的人，最终才能让铁杆粉丝帮助品牌建立口碑。

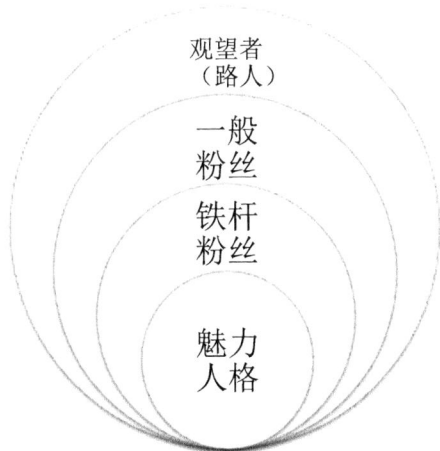

观望者
（路人）

一般
粉丝

铁杆
粉丝

魅力
人格

图 1-2　魅力人格是吸引粉丝的关键

中国移动经营品牌多年，对用户的划分十分成熟，因而分别建立了针对全球通、动感地带、神州行用户的网络社区，它通过策划不同风格的线上线下活动，培养了大批铁杆粉丝，对于用户来说，中国移动所提供的活动机会，已经成为他们沟通生活、工作的一种方式。

②创造惊喜。想要让铁杆粉丝"死忠"到底，要在线上和线下活动中，给出实实在在的惊喜，并非夸张的噱头。利用社群营销扩大影响力的今天，企业定期组织活动是最为常见的方式，这是维持铁杆粉丝忠诚度的重要机会，参加活动的人数不可以过多，以免影响活动效果。

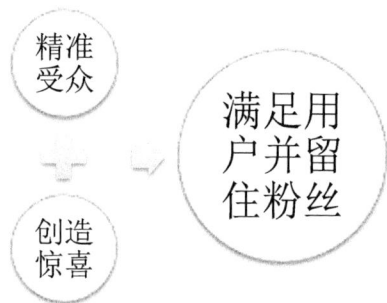

图 1-3　留住粉丝的方法

例如，某餐饮店给部分会员发放优惠券，如果人数多了，会员拿到手的奖励势必减少，相反，该餐饮店的成本就会增加。因此，控制好人数直接影响活动效果。当一部分铁杆粉丝得到满意的奖励，他们会更加愿意同周围的人分享活动过程，以及该餐饮店带给自己的幸福感，这样一来，铁杆粉丝才真正发挥作用，我们可以进行粗略的计算，如果每个铁杆粉丝每月消费 200 元，他又带去 2 位一般粉丝，每个一般粉丝消费 50 元，一千个铁杆粉丝每个月就会为餐饮店带来 30 万元的销售额，对于普通规格的店面来说，足以养家糊口了。

2. 借助名人影响力，让自己有足够的铁杆粉丝

想要一下子拥有足够能养家糊口的铁杆粉丝，对于部分创业者来说，并不

是一件容易的事情，不妨借名人之力来扩大自己的影响力。

小 A 开了一间甜品店，她的闺蜜 Z 女士在广播电台工作，主持一档黄金时段的谈话节目，其风格轻松，语言幽默，积累了不少忠实听众。小 A 在一次线下活动中，特别邀请 Z 女士参加，参与活动的人不到十位，但都是甜品店的铁杆粉丝。这次活动结束，小店知名度似乎瞬间提高了不少，在此之后，小 A 在同粉丝们互动的时候，时不时让 Z 女士参与进来，虽然大家同 Z 女士直接互动的机会并不多，但她时常推荐一些书籍、电影、护肤品等给大家，着实会令粉丝们讨论一阵子。久而久之，小 A 也积攒了更多铁杆粉丝。

虽然小 A 有一位"名人朋友"的优势，很多创业者并不具备，但可以利用其他方式，为自己的社群建立起名人系统，例如，你可以邀请非诚勿扰的美女嘉宾参与到你的推广活动中，或者与淘宝网上某位达人合作店铺营销活动等，都是不错的选择。

3. 适当运用"饥饿营销"手段，积攒铁杆粉丝

想要令铁杆粉丝数量增加，也可以试试"饥饿营销"，前面所提到的 Lawrence Watt-Evans，便是用这种方法，既吊足了粉丝的胃口，又维护了与铁杆粉丝们的关系，更重要的是，在这个过程中，Lawrence Watt-Evans 利用铁杆粉丝们，成功将"鱼饵"撒了出去，借助铁杆粉丝们告诉更多的粉丝，他的新书即将面世。

不论时代如何变迁，**大众的好奇心永远是引爆信息传播的最佳风口**，即便你目前拥有的铁杆粉丝并不多，但如果能适当吊起粉丝的胃口，他们便有可能迫不及待地帮助你宣传产品。

　　值得一提的是，运用"饥饿营销"的过程需要你掌握好"度"，既能够维系与铁杆粉丝的感情，又能够吊起他们的胃口。例如，你所开的蛋糕店，调制出新口味的产品，可以先请你的铁杆粉丝们来尝尝，但是告诉他们，这种蛋糕是限量制作的，只制作 50 份给推荐熟人加粉最多的铁杆粉丝。这样一来，以你的铁杆粉丝为基础，他们还会为你带去更多粉丝。

　　社群营销的核心，是通过各种营销手段，让自己成为粉丝众多的品牌。**只有拥有足够的粉丝，才有可能因此创造更多收益，而这些粉丝中，还必须拥有一定数量的铁杆粉丝，他们的存在是保证品牌正常运营下去的基础。**所以，企业要先提升形象魅力，再配以营销技巧，从而获得足够多的铁杆粉丝，摸索出自己的风格和路线，这样营销才能走得更远。

1.2 "路人" "粉丝" "黑"

近年来，"路人""粉丝""黑"成为高频网络用语，以某位明星为例，追捧他的人被称为"粉丝"；对他没有兴趣的人被称为"路人"；而那些讨厌他的人经常爆料其负面消息，这些人被称为"黑"。

这些看似普通的网络用语，精准地划分了受众群体，对某个明星或者企业来说，大众对他们的态度，也不外乎这几种，如图1-4所示。

虽说社群经济的中坚力量是粉丝，但其他两类要素的作用同样不容小觑。因为"路人"就是潜在粉丝，而"黑"则是另一种提高曝光度的方式。不论明星还是企业,都会先将"路人"变成自己"粉丝"，再由"粉丝"去影响"路人"，一般情况下，"路人"很少会去"黑"某个明星或者企业，却常出现"粉丝转黑"的情形。这个过程中，企业的公关信息就极为关键，正面消息会令粉丝数量增加，负面消息则令"转黑"人数增加。

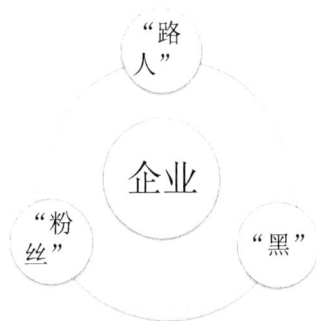

图 1-4 企业时刻面对的三种社群用户

互联网时代的元素存在很奇妙的关系，社群具有强大的包容性，打开百度贴吧，你会发现网友会为支持某个人或者产品发一个帖子，也会借这个平台发泄对某个产品的不满，而帖子下面的回复有赞同也有反驳，就是这样一个虚拟的网络社区，通过不断交流沟通，逐渐形成社群，而被讨论的明星或者企业，借此提升了知名度。

当然，也有这样一种现象：某个明星被讨论的频率越高，就越容易受到赞助商的关注，尽管"黑"他的人也不少。

可见，被"黑"也是一种营销手段，社群经济形态下营销无处不在，"路人""粉丝"和"黑"以不同姿态活跃在社群中，缺一不可。

1. "路人"是"粉丝"的前身

要说"路人"和"粉丝"的关系，后者更靠近社群的核心部分，因而企业总是在想方设法让"路人转粉"。就像"粉丝"有普通和铁杆之分，对"路人"的精准划分也十分必要，有些人属于"完全路人"，他们只知道某个品牌，但从未了解或者接触过；而"不完全路人"指的是对某品牌有所了解，但从未有直接接触行为的那群人。

很显然，**针对不同群体，企业应当采取不一样的营销手段，引导"完全路人"去体验产品；了解"不完全路人"没有购买的原因，才有可能实现"路人转粉"。**

2. "路人""粉丝""黑"永远在不停转换

社群的其中一大特点是自由，因此"路人""粉丝""黑"等角色总在不断转换，如图 1-5 所示，所以企业不必担心"被黑"，只要采取积极手段，"黑"也能转为"粉丝"，这是企业发现自身不足的好机会。

对于毫不知情的"路人"来说，往往一场线下活动就能引爆他们的关注度；对于"粉丝"来说，有可能因为企业的某个行为瞬间

图 1-5　三类用户时刻变化并互相转化

转"黑";而那些"黑"企业的人,并非多讨厌企业,有时候只是在网上发泄情绪,刷点存在感。

所以,企业要坦然面对这三种角色,尽量多组织好玩有趣的活动,并完善社群沟通平台,让更多"路人"变成"粉丝",同时要多为用户着想,避免出现"粉丝转黑"的情况。

那么,在坦然面对"路人""粉丝""黑"三类人群的过程中,企业需要注意些什么呢?

1. 为"路人"和"粉丝"打造不一样的宣传方式

"路人"和"粉丝"对产品的了解程度不同,因此要采用不一样的宣传方式,例如,在自媒体上投放企业的微电影、发布 Q 版漫画等,先要吸引受众群体的眼球,再考虑宣传产品。

对于"粉丝"来说,他们对企业已经非常了解了,就应当多策划线下活动,邀请他们来参加,可以定期向他们推送产品信息,但注意频率,太过频繁会令粉丝们反感。

2. 打造便捷的网络沟通工具

企业与粉丝就像一对恋人,关系是无比亲密的,彼此希望时时刻刻能感知对方的温度。因此,企业要注重打造便捷的网络协同工具,微博、微信公众平台、百度贴吧、QQ群、兴趣部落等都是不错的选择,如图 1-6 所示。只有当粉丝拿起手机,就想到点开与你有关的应用时,他们才会自

图 1-6　要善于建设网络沟通工具

动聚拢在企业周围。

3. 形成自己的文化

粉丝之所以能够聚集到一起，是因为有相同的爱好，社群积累粉丝的同时，其价值体系也在不断完善中，以维持社群的稳定和发展。由此可见，**企业形成自己的文化非常重要，只有让用户觉得社群更具立体感，企业才能有一种无形的力量，可以将粉丝聚拢到一起，才能让他们获得更多精神上的满足。**在粉丝经济时代，企业应当清楚"路人""粉丝""黑"这三种角色的心理状态，通过不一样的宣传方式，去影响受众群体，为自己积累更多粉丝。

1.3 社群粉丝的力量到底有多大

在粉丝经济时代，不单单明星要用心经营自己的粉丝，企业同样需要培养粉丝，经营社群。而对企业来说，想要积累更多粉丝，就必须去了解他们，并且建立畅通的沟通渠道，在粉丝身上倾注更多精力和感情。

对一位疯狂的"果粉"来说，他的手机、计算机、音乐播放器、平板等都是苹果公司产品，当然，他也崇拜着乔布斯。这些身边的"果粉"，平日里无比淡定，只要一提起自己的偶像与产品，就会两眼放光，甚至变成你不认识的样子，如果你要批评他们的偶像，便会遭到强烈反驳。总之，他们会时刻维护偶像的品牌形象。

这是一个偶像的时代，亦是"粉丝"的时代，两者相互依存，"粉丝"蕴藏着巨大能量，也带来前所未有的商机。

1. 粉丝影响消费潮流

移动互联网时代，消费者不再被动地接受产品，他们想要获得参与和受重视的感觉，因此，对企业而言，过去高高在上的历史已经一去不返，其必须得研究产品和服务的受众群体，多制造与消费者互动的机会，培养感情，实现营销。

以宝洁为例，作为传统营销方式的典型代表，它营销的最终目的是为了扩大市场份额，所以其主要的做法有这样几种。

持续的新产品开发。

花样繁多的促销方式。

大量的广告和无处不在的分销商。如图 1-7 所示。

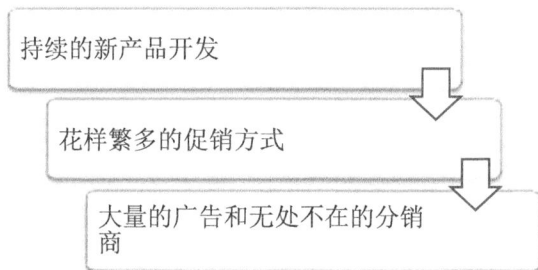

持续的新产品开发

花样繁多的促销方式

大量的广告和无处不在的分销商

图 1-7 传统营销模式扩大市场份额的策略

- -

这样做的确能扩大市场份额，但真正有财力实现这个营销过程的企业却寥寥无几，即便少数巨头公司能够实现，但也未必能积攒"粉丝"，更不用说受到"热烈追捧"。其产品或者服务一旦出现问题，消费者会很快抛弃这个品牌。在粉丝经济时代，**消费者更需要个性化、有参与感的产品，即使是"快消品"**，消费者也希望能够与众不同。所以，有人预言，未来巨头将倒下，小众产品将崛起。

给消费者乐趣和个性化的产品，如哈雷摩托在实用性能上来说，缺点不少，但是其塑造出一种个性化的文化氛围，通过构建社群，让粉丝有一种归属感。因此，即使其问题很多，但粉丝从来没有抛弃它。甚至，粉丝们认为在修理部弄得满身机油才符合哈雷摩托的"坏男孩"身份。

粉丝的价值是巨大的，当其形成社群时，更是能左右企业产品的发展方向。因此，企业应当重视粉丝，善于以社群的形式引导粉丝。

2. 粉丝影响企业的产品研发

观察那些粉丝和社群经营得比较好的企业，不难发现，它们提供给消费者的产品以及服务是非常人性化的。例如，苹果电脑不但外形炫酷，而且拥有独一无二的系统，并经常对系统进行升级，适时提供给粉丝与时俱进的使用体验。这一方面是因为苹果公司不断改进产品和提升服务，所以"果粉"很少会使用其他品牌的电子产品，他们也经常通过线上线下聚会，津津乐道地讨论使用苹果的每一个细节，进而形成苹果社群。另一方面是因为"果粉"的力量也在潜移默化地影响着苹果公司，"果粉"会对产品的某些功能提出要求或者建议，苹果公司自然乐得接受。

再比如小米手机，其系统就是在粉丝们的努力下不断走向完善的，"米粉"在小米手机的发展过程中起到了极为重要的作用。

任何时候，粉丝都是一个爱憎分明的群体，他们对企业产品喜欢与否，都会给出明确答案，在粉丝爱与憎的情感交融中，产品的品牌形象才能被深深植入其脑海，产品的影响力才能更加长久和深远。

粉丝正因为有多样的情感而组成不同的社群，这不同的社群就会代表粉丝不同的认知度，接受能力等，如图1-8所示。而贴在不同社群之上的标签，如年龄段、喜好等，就是企业营销的突破点。通过迎合不同社群中粉丝的喜好，让粉丝有归属感，他们才会更加忠实，进而成为品牌有力的免费宣传者。而对粉丝来说，帮助自己喜欢的品牌宣传，这是他们生活的一部分，也是情感的一部分。

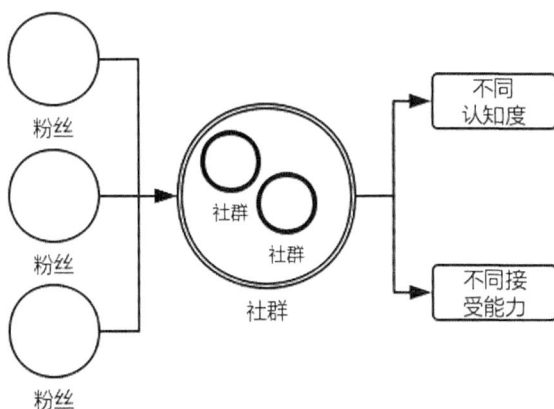

图1-8　粉丝因不同情感组成不同社群

3. 粉丝是区别产品或服务伟大与否的重要标志

从古至今，每一款伟大的产品背后，都有数量众多的拥趸。那些伟大的品牌背后，都有一个对产品和服务疯狂热爱的开创者，就像乔布斯一再强调用户体验和"本源"，才有了 iMac 与 iPod 这样优秀的产品；周立波独创了"海派清口"，他的粉丝未必了解创作由来，但是感染他们的正是周立波对艺术的热爱。消费者认为一款产品是否值得选择，很大程度上会受到相关舆论的影响。

对产品或服务的好坏，粉丝们非常敏感，他们能够在体验过程中感知企业的用心程度，他们的评价往往影响着其他消费者的取舍。所以，企业在产品研发和营销过程中，如果能常常思考：换做我是用户，希望产品有哪些功能？服务方面还需要改进哪些地方？如此，产品才会越做越好。

粉丝以及社群的力量既然如此强大，那企业该如何做才能真正经营出良好的粉丝社群，充分利用粉丝的巨大力量呢？

1. 把负面评价当成最宝贵的借鉴

再好的产品也会出现"粉丝转黑"的情形，同时会收到很多负面评价，营销者不必过于担心，不妨把精力集中到对负面评价的收集分析中，因为这些会为企业成长提供宝贵经验。

现如今，能从不同社交平台看到用户的体验结果与评价，企业应当从中提炼出真正有用的信息，再对产品进行改进，提升用户的使用体验。

2. 善于利用真实的用户体验对产品分类

事实上，用户的负面评价并不代表产品不好，只是不适合他们，而企业要做的，就是根据用户的特点和真实需求创造产品，或者对现有产品进行改进，做到令这部分用户满意，这种个性化服务模式，在粉丝经济盛行的当下，越来越成为市场主流。

总之，企业若是能够用心经营粉丝与社群，积极去了解消费者的感受和喜好，甚至成为他们中的一员，才是能找到最正确的营销方式。

1.4 粉丝进化的下一个形态是社群

粉丝作为单个元素，虽然在推动企业产品传播的过程中起着作用，但很难汇聚成强大的中坚力量。随着互联网技术的不断进步和社交媒体的崛起，各种虚拟社区不断火热，这就是社群的雏形。

但随着商业形态和互联网技术的不断发展，粉丝们的连接方式更加简单方便，粉丝们强烈渴望能够聚集在一起，共同交流和分享。特别是随着移动互联网的崛起，人人都可以成为网络中的一个结点，都可以与他人产生链接，基于网络的社群就显得更加必要。

所以说，社群就是将分散的粉丝聚集到一起，它是"**基于相同或者相似兴趣爱好**，通过某种载体聚集人气，通过产品或者服务满足群体需求而产生的商业形态。"社群的载体很宽泛，各种网络平台都可以做，不过目前来说，微信、微博、QQ 等社交工具的影响力更大。

社群具有强大的**包容性**，能够连接一切元素，当粉丝的需求在社群中得到满足，他们就愿意继续留在社群中，强化社群的**凝聚力**。并且他们会吸纳更多有相同爱好的人士加入，而越来越多粉丝的加入，又会令社群更加**多元化、个性化**，如图 1-9 所示。

网络平台的便利性，促使粉丝之间能够多多互动，这是社群建立的必要条件，对企业来说，想要将粉丝的力量集中起来，形成强大的社群效应，就必须深刻理解社群的内涵，善于引导粉丝聚集，并及时引爆社群，让社群成为企业产品和服务的营销窗口。

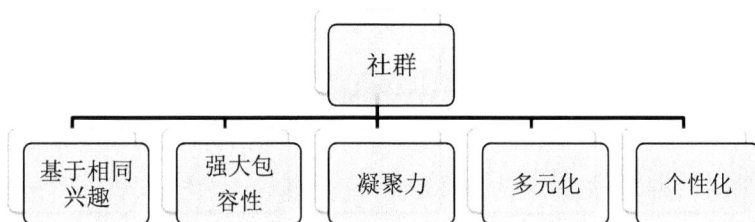

图 1-9　社群的特点

- -

那企业该从哪些方面去认识社群呢?

1. 粉丝在互动中形成社群

社群从 1.0 到 3.0,在其发展过程中不难看出,粉丝之间的互动一直是社群的生命力所在。微信、微博、陌陌、腾讯 QQ 等社交平台能够聚拢大批量的人群,最核心的原因就是其能够提供消费者交流互动的平台,并以此为基础衍生出更多、更丰富的内容。例如,消费者可以在社群中分享护肤经验,可以把微视频放到群里与其他人共享,可以在朋友圈或微博上发送图片文字等。**即便只是粉丝之间互相点赞、评论,都能够让社群变得活跃,粉丝之间的亲密度加深。**

企业在积累粉丝的过程中亦是这个道理,要善于调动粉丝的积极性,刺激粉丝加强互动,比如可以发起一些投票、组织有奖活动等。

2. 高质量活动提升粉丝归属感

社群得以发展,离不开营销者组织的高质量活动,哪个社群好玩,粉丝们就愿意到那里去,这对运营者的策划能力是个考验,从创意到执行,每一步都必须根据用户的兴趣来设计。

从微商的发展来看,他们就是在通过活动不断提升影响力,不论借势做活动，还是组织微商分享课，或者定期举行抽奖活动等，都是为了吸引粉丝的目光。再加上消费者的从众心理，高质量的活动会让企业的影响力非常大。

所谓高质量的活动，就是通过把握用户的心理需求，引导他们参与到活动中，此时，粉丝们已经不会再觉得这是一种营销手段，而是增加幸福感的一场活动。活动开展前，企业首先要对受众群体进行精准定位，帮助粉丝找到他们的"圈子"，然后引导他们增强互动，并找到归属感，如图1-10所示。

3. 定期组织暖场活动，增强社群凝聚力

粉丝聚集成社群，但其凝聚力是远远不够的。企业**要塑造社群的凝聚力，应当定期举行暖场活动，以保持粉丝的新鲜感**。在做活动的过程中，企业也能找到与粉丝友好相处的策略与方法，懂得如何去引导社群内话题，如何让粉丝找到归属感，如何通过粉丝之口打造企业的口碑等。

图1-10　高质量活动提升粉丝归属感

4. 正能量是社群必不可少的精神支柱

早上打开朋友圈，你会发现微商们都开始分享正能量图片和文字，也会发现这些图片下方有很多点赞的大拇指，说明传播正能量很令粉丝们受用，虽然这与营销看似毫无关系，却以一种悄无声息的方式，牢牢把握住粉丝的心理。**正能量一旦传播起来，会引发更多人的关注，消费者也希望与别人分享与正能量有关的信息**，而这种精神感染的方式，对社群的建立和维护是有很大帮助的。

5. "领袖式人物"至关重要

在未形成社群前，粉丝以分散的状态存在，虽然他们之间也会有互动，甚至自发地组织一些活动，但终究无法形成系统，之所以这样，是因为他们没有"领袖式人物"。

比如，对于"果粉"们来说，乔布斯就是他们的"领袖"，这位传奇式人物的一言一行，都深深影响着粉丝们，单凭他的个人魅力，就足以聚集人气。重要的是，乔布斯和他创办的公司，是电子产品行业的佼佼者，相对于其他品牌而言，他更有发言权，用户相信公司会创造出更好用的产品，这样一来，粉丝们觉得自己的生活因为"苹果"而更加精彩，从而愿意做忠实的"果粉"。

所以，企业能做的，除了聚集人气，通过做线上线下活动增加互动，更重要的是要为社群粉丝找到一个合适的领袖式人物，特别是精神层面的，这样领袖式人物的一举一动就会牵动粉丝的目光，粉丝的凝聚力才会更强。

当然，从粉丝到社群，这是一个由量变到质变的过程，要想在这个过程中把握住机遇，企业还需要注意几个问题，如图 1-11 所示。

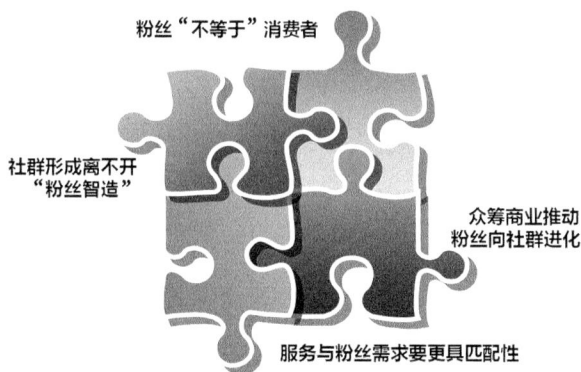

图 1-11　构建社群注意事项

1. 粉丝"不等于"消费者

不要将粉丝和消费者混为一谈，这是两个不同的群体，粉丝行为远远超越消费行为本身，购买产品只是他们对品牌喜爱的一种表达方式，更重要的是粉丝已经在品牌中倾入了个人情感，品牌成为他们生活中的一部分，甚至是一种精神支柱。**维系粉丝和企业之间的情感纽带非常重要，品牌要么把粉丝变成消费者，要么把消费者变成粉丝。**

从苹果的经营历程来看，乔布斯之所以拥有无数"果粉"，原因就在于其重视粉丝链接；罗永浩打造的锤子手机，其受众用户本质上就是老罗的忠实粉丝群体，他曾经说："即使锤子手机定价超过 3000 元，也会吸引有着同样情怀和审美的粉丝群体关注，而认同这个价值的粉丝就有可能购买产品。"

很多创业者认为，自己的产品还不到形成品牌的地步，所以无法培养粉丝，也不能形成社群，实际上这是一种错误的认识。只要有一个人喜欢你的产品，就说明你是有魅力的，就要趁早想办法经营粉丝，打造社群。很多创业者借助小众粉丝群体形成自己的价值体系，并通过这种成本低廉的营销方式取得了成功，这是非常值得借鉴的。

2. 社群的形成离不开"粉丝智造"

传统商业模式中，消费者处于被动接受产品的状态，而在互联网时代，产品几乎是品牌创办者和用户共同创造出来的。创业者应当多创造机会，让粉丝参与到产品的制造过程中来，以发现他们的一切需求，有些企业甚至开创了"吐槽社区"和"创新社区"，鼓励用户为企业出谋划策，最后，企业将用户提出的有效建议结合到产品当中，这才能吸引用户前来购买。

例如，大众汽车曾经建立过自己的网络平台，在 2011 年到 2013 年中旬，就有超过 1400 万用户访问，贡献了超过 25 万个造车创想，如果光靠经营者，肯定无法办到这一点。

3. 众筹商业推动粉丝向社群进化

所谓"众筹"，就是通过网络平台把原来非常分散的用户、投资人挖掘出来，引导他们形成一个社群，为那些有市场前景、新颖、有个性的产品找到一个全新的生态圈。这其中，粉丝充当了重要的作用。

而众筹个性定制产品就是聚拢粉丝，形成社群的良好载体，就像之前阿里巴巴与国华人寿共同推出的"娱乐宝"一样，让影视和游戏爱好者们有资金来运营自己的创意，同时又是一款理财产品，让所有参与众筹的用户都能找到自身价值，并从中获得收益。

在粉丝向社群进化的过程中，众筹起到了重要的作用，它改变了消费者的角色，让粉丝和社群都成为新商业模式的推动者和投资者。

4. 实时响应的客户服务与粉丝需求更具匹配性

企业想要创造更多利润，就必须提升服务水平，基于互联网的便捷性，让创业者将更多精力放在打造客户服务上，越来越多的企业认为：能够做到"实时响应"，才能牢牢抓住粉丝的心。

今天，几乎每个企业都在及时服务、搭建沟通通道方面不遗余力。相应的，如果企业缺乏相应的应对能力，就会辜负粉丝的信任。

无论如何，粉丝是形成社群的基础，企业营销者必须把粉丝的需求放在第一位，并从中获得有效创意，最终才能促进社群生态的完善。

1.5 网红经济迅猛，粉丝价值凸显

网络红人，在中国一度成为一种贬义词，是对诸如"芙蓉姐姐""凤姐"等人的形容词。但随着社交网络的蓬勃发展，以及网红＋电商的新型组合，网红则成为粉丝经济的一种全新形态。

谁也没有想到，网红能够获得如今日这样的广泛关注，那么，网红是如何一步步"弃暗投明"，成为众多品牌抢占的粉丝经济阵地的呢？如图1-12所示。

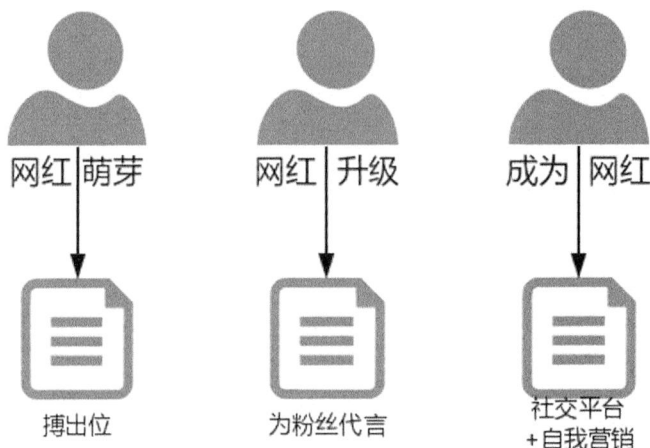

网红 萌芽 → 搏出位

网红 升级 → 为粉丝代言

成为 网红 → 社交平台＋自我营销

图 1-12　网红的升级过程

1. 网红萌芽

虽然"芙蓉姐姐""凤姐"大多被作为负面典型提出，但二者的出现，确实将国内社交网络引入一个新的阶段。在此之前，谁都不会想到，原来一个籍籍无名的普通人，可以借助社交网络获取到如此高的关注度。

然而，很多人不能理解，为什么如"芙蓉姐姐""凤姐"之类可以成为红人？为何非主流、"杀马特"等反而成为主流？

因为此类人代表着一种稀缺性。对普通人而言，你是否也有成为红人的想法？是否也想在众人之中独树一帜？

这种想法大家或多或少都有，但真正敢于表达的却很少。因此，当"芙蓉姐姐""凤姐""杀马特"出现之后，他们成为有搏出位想法的代言人，获得了相当数量网民的关注与支持。

2. 网红升级

时至今日，随着理性化消费的普及，"不要脸搏出位"的方式很难再获得成功；随着个性化与小众化消费的崛起，大部分消费者也不会再盲目追随潮流。

因此，作为部分消费者的诉求代表，网红也开始转型。网红不再是简单的网络红人，而是开始为粉丝代言，成为以自身的形象和品位引导粉丝的"领头羊"。

在个性化与小众化消费的崛起中，消费者想要实现消费升级，然而，他们却很少有时间、精力去提升自身的消费品位。

此时，具有一定消费品位的网红，则成为一种稀缺资源。因此，网红开始被摆在"橱窗"中，供消费者选择，成为其消费升级的模仿对象。

3. 成为网红

随着网红逐渐由贬到褒，在社交网络的蓬勃发展中，想要成为网红，也拥有了更多的成长途径。如微博、微信、唱吧、直播 APP 等社交平台，都为网红的成长提供了合适的工具，而要借此获得较高的关注度，一般而言，网红还要自我营销，主要有三种方法：

①**颜值**。在这个"看脸"的时代，成为网红最直接的方法，就是颜值爆表。如果颜值足够高，只需要不断地发布各种自拍，就可以成为网络红人。

这种方法虽然简单，但却有着较高的门槛——颜值高。而在"锥子脸""整容脸"泛滥的今天，怎样的颜值才最受欢迎呢？这或许是此类网红最该考虑的问题。

②**才华**。颜值或许会贬值，审美或许会改变，但才华却是稳定的。因此，我们能看到很多人"明明能靠脸吃饭，非要靠才华"。

在如今的网红阵营中，段子手、主播、视频创作等，都是才华展现的一种方式。段子手如 @留一手，主播如 @Miss，视频创作如 @papi 酱，都是典型的靠才华走红的网红。

③**事件**。事件营销是一种传统的营销方式，通过策划和炒作事件一夜爆红，这是成名的一条捷径。在团队配合中，通过对事件不断炒作，事件主角就能够轻易获取大量的关注度。

如吴亦凡"××门"事件，事件中的女主角 @小 G 娜，作为事件的曝光者，自然获得了极高的关注度。而在此后不久，@小 G 娜就开始参与各种商业活动，让人怀疑此次事件是一次事件营销活动。

时代的发展，带动着网红的升级，在社交网络时代，网红的内涵逐步提升，成为其粉丝群体的代言人，表达了消费市场的某种诉求。各种社交平台的崛起，也为网红提供了丰富的成长途径。而**网红想要真正获得成功，颜值、才华、事**

件营销其实是缺一不可的。

那么，网红如何利用自己的人气，利用庞大的粉丝群体去变现呢？

所谓网红经济，就是"以一位年轻貌美的时尚达人为形象代表，以红人的品味和眼光为主导，进行选款和视觉推广，在社交媒体上聚集人气，依托庞大的粉丝群体进行定向营销，从而将粉丝转化为购买力"。

在网红的萌芽阶段，纵使关注度再高，网络红人的变现手段也十分可怜，只能如三四线明星般，出席一些低端的发布会，甚至连代言都很难谈到。

时至今日，过去的网红中，也只有凤姐在"出国深造"之后，能够成为一个平凡的时事评论员。但当今的网红，却有着更多的变现渠道。

1. 电商平台

对于大多数网红而言，电商是人气变现的最佳途径，开放性极高的淘宝则是最好的选择。

2014年5月，某知名网络主播创立了自己的淘宝店，其百万级的直播粉丝，让他的淘宝店，在一年多的时间，就达到了三个金皇冠，每月收入更是超过6位数。

与此同时，坐拥450万粉丝的"大V"张大奕也开起淘宝店，这家名为"吾欢喜的衣橱"的淘宝店，在一年不到的时间里，就做到了四个金皇冠。而且，每当该店铺上新品时，其成交额都能达到全淘宝女装类目的第一名。

从整体环境上来看，2014年"双11"期间，销量排名前十的女装店铺中，有7家是网红店铺，很多网红店铺的成交额甚至能够超过知名品牌。

纵观如今的网红经济，淘宝店已经成为众多网红的标配，几乎每个有一定名气的网红，都会开一家自己的淘宝店，如图 1-13 所示。

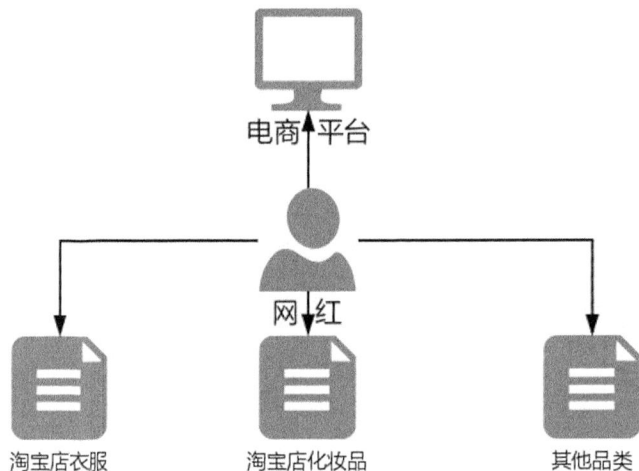

图 1-13　网红开淘宝店很普遍

至于淘宝店卖什么？服饰、食品则成为较为普遍的选择。当然，根据自身的网红属性，每个网红也可以做出更具针对性的选择。比如游戏主播出售游戏外设，运动网红出售运动装备等。

2. 广告代言

网红之所以成为粉丝经济的新形态，正是因为，在网红经济时代，部分网红的人气甚至超越了传统的明星。而对于此类高人气网红而言，他们也可以享受到传统娱乐明星的待遇，获得广告代言的收入。

papi 酱被称为"网红经济第一人"，从 2015 年底开始，这个自称"集美貌与才华于一身"的女子，以各种创作视频，迅速获取接近 1200 万的粉丝，其视频播放总量更是达到 2.9 亿次。

2016 年 3 月 27 日，papi 酱与"罗辑思维"创始人罗振宇合作开展广告招标沟通会。这次招标会的门票就需 8000 元，罗振宇对广告更是开出千万级的预期。该预期引来了众多媒体人的不屑，但最终，papi 酱融资 1200 万元，其首次广告招标也被拍卖至 2200 万元。

网红经济的蓬勃发展，将粉丝经济带向了一个新高潮。作为网红的重要阵地，微博也于 2016 年 6 月 16 日举办第一次"超级红人节"，这场被称为"网红节"的活动，其人气甚至不亚于一般的时尚发布会，让业界看到了网红粉丝的人气力量与价值。

1.6 参与感连接粉丝与产品

在这个小众化和个性化消费崛起的年代，大多数人都对 DIY 有着极强的兴趣。如果自己的 DIY 产品，能够获得更多人的认可，无疑极具成就感。那么，企业是否可以让粉丝参与其中，对产品进行 DIY，让粉丝获得心理满足呢？

在如今的商业市场中，我们能够看到很多开源的产品，其中最为成功的无疑是谷歌的安卓系统，正是在开源局势下，在全球智能手机市场中，安卓系统占据高达 86.3% 的市场份额。

为何安卓系统能够获得这样的成功，因为基于安卓系统的开源，各个企业都能根据自身需求对其进行改善。

如在中国市场，根据中国用户的使用习惯，很多厂商都会对安卓系统进行再开发，如小米的 MIUI、魅族的 flyme、华为的 EMUI 等系统；而且用户使用这些系统时，还具有一定的 DIY 权限；如此一来，安卓系统自然能够满足大部分用户的需求。

反观闭源的苹果 IOS 系统，该系统的封闭性，确实能够避免第三方开发造成系统体验受损害，但却对产品的设计开发提出了巨大挑战，苹果在设计 IOS 系统时，必须考虑全球各个地区、各种文化的用户的使用需求。

事实上，"开源"让用户参与绝不仅仅局限于 IT 和互联网行业，在社群粉丝经济下，任何企业都可以尝试产品"开源"，以使粉丝获得参与感。

当你成功激发粉丝的 DIY 欲望时，粉丝自然会积极参与到这个好玩的活动中，而由粉丝设计产品本身，就是一种有效的激励措施。

在粉丝根据自身需求进行设计或完善之后，这款新生的产品，自然更加符合用户的实际需求。

如此设计出来的产品，不仅开发成本更低，而且市场风险也更低。

那么，应该如何让粉丝参与到产品设计中呢？

1. 让粉丝设计产品

让粉丝直接参与到产品的设计当中，能够极大地调动粉丝的积极性和创造性，而由粉丝自主设计出的产品，也几乎很难面临失败——谁不喜欢自己创造出来的产品呢？

乐高玩具一直是全球十大玩具厂商之一，但在 2015 年上半年，乐高却凭借 21 亿美元的销售额，名列全球玩具厂商第一位。为何乐高能够实现如此快速的增长呢？通过对其销售额进行分析，你会发现，其中 60% 都是源于玩具模型。

换句话说，大部分玩家之所以选择购买乐高玩具，就是因为看中其模型设计，想要按照设计图拼搭出成品。而这些独具魅力的设计图，正源自乐高创意平台。

乐高的拼砌玩具伴随无数孩子的成长，但在摆弄这些乐高玩具时，有的玩家只是按图索骥，跟着说明书去做；有的玩家却更喜欢自主设计、独立发挥，制作出独具特色的乐高玩法。

2013 年，乐高推出乐高创意平台，在这个平台上，所有玩家都可以借助"乐高数字设计师"工具，制作自己的乐高玩具设计图，并上传至平台进行展示。

其他玩家则可以在线进行投票，根据乐高的规定，如果某个设计的投票数量在一年内超过一万票，乐高就会考虑将之作为正式产品推出。

乐高玩具的成功，正是源于开源。如果永远只是单纯地按图索骥，玩家总有厌倦的一天；如果创意永远只能自己欣赏，玩家也会失去动力。而当二者结合，让 DIY 玩家设计独具创意的模型，让其他玩家拥有更好玩的模型可玩，乐高自然能够抢占第一的宝座。

那么，具体而言，应该如何将产品的设计"开源"并吸引粉丝参与呢？

①紧抓产品核心

在实际的开源过程中，你必须紧抓住产品的核心部分。何为产品核心呢，如图 1-14 所示。

首先，**核心技术**。企业要保护产品的**核心技术，如果盲目将自身的核心技术暴露在外，很可能会面临技术流失的风险。**

其次，**核心属性**。每个产品都有自身的核心属性，如产品文化、产品风格等，这些是你产品的独特标识，如非必要，一旦形成之后，切勿随意更改。

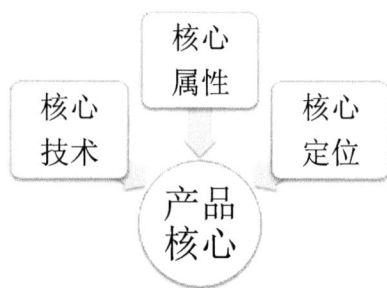

图 1-14　要紧抓产品核心

最后，**核心定位**。定位是应对社群粉丝经济的关键，正是基于自身定位，你才能吸粉，并将粉丝聚拢成社群，如果核心定位改变，必然会造成粉丝流失。

②开放形象设计

在明确产品的核心之后，企业就可以开放权限，而最适合开放的权限，就是产品的形象设计。形象设计即产品的外在属性，如 T 恤的图案、手机的外观、乐高的模型等。

之所以首先将形象设计开发，是因为形象设计的技术门槛要求较低，粉丝能够较为轻松地将自身的创意变成设计。除此之外，形象设计也更加好玩。

为了让更多的粉丝参与到形象设计中，企业可以专门为此开发一个软件，让粉丝能够通过简单几步，完成一个初步的形象设计。

③开放技术设计

如今，很多产品都可以被称为技术产品，其开发成本极高，但在开发完成投入市场之前，谁都不敢保证产品能否成功。那么，你可以直接让粉丝参与到产品的技术设计中。

为了降低设计成本和风险，企业**可以在社群运营时，就营造一种"发烧友文化"，让拥有一定技术基础的人，愿意参与到技术的开发中；与此同时，则要不断降低技术门槛，让更多的人能够更轻易地参与进来。**

国内最深谙此道的无疑是小米，正是依靠一群发烧友的协助开发，小米才能在产品推出市场之前，就斩获市场。

当然，基于技术设计本身的高要求，你开放的权限仅限于方案提交，或第三方开发。对于粉丝开发的方案，只有在经过验证之后，你才能将其融入到自身产品当中。

2. 让粉丝设计价格

当产品由粉丝设计而成时，产品就已经基本能够锁定部分市场，然而，当产品开发出来之后,究竟应该以怎样的价格进行销售呢? 与其绞尽脑汁定价格，不如直接让粉丝定出他们心中的"粉丝价"。

①给出成本价和大众价

虽然是让粉丝设计价格，但销售价格毕竟得保证产品盈利。因此，在让粉丝设定价格时，你可以给出成本价和大众价两个数字。

所谓成本价，**就是产品开发的成本价格，也就是粉丝定价的底线，如果突破这个底线，你就"无法盈利"。**至于宣布的成本价与真实的成本价有多大的差额，你则需要根据市场行情进行抉择。

所谓大众价，则是一般用户购买的价格，也就是对外公布的价格，是粉丝"谈价"的起点。

②设计"谈价"活动

让粉丝设计价格，当然不是某个粉丝的一言堂，或是简单的票选，否则，你的价格很容易就被一拉到底，失去了让粉丝玩起来的意义。

因此，你需要设计独具创意的"谈价"活动，如网站每次点击降一元，或根据投票占比打折等。"谈价"活动的目的就在于让更多的粉丝参与到价格的制定中，大幅提升粉丝的参与感。

③粉丝专属、真实

既然称之为"粉丝价"，企业就要明确这个价格是粉丝专属的，而且是真实的。当粉丝价确定之后，所有在粉丝价活动之前成为粉丝的人，都能够享受粉丝价的优惠。

具体操作方法也十分简单：在活动之前，向所有粉丝发送活动信息，如"新品定价你做主，你得到了享受粉丝价的特权，快来定制专属的粉丝价吧"，然后附上活动链接。如果没有专门的系统，你可以直接让粉丝凭信息截图，享受粉丝价优惠。

Part 2

让你的粉丝感到
"骄傲"

　　随着消费模式的升级，人人都想拥有个性化的消费体验，千篇一律的产品再也引不起大家的兴趣。在千万人当中，为什么你的粉丝会关注你？因为他觉得你有独特的魅力，关注你能够彰显他的品味，能够让他感到骄傲。这样的粉丝，才是你最精准的用户。

2.1 会员待遇无差别，为什么还有大批粉丝

提到会员，我们都会有这样一种印象：根据不同的会员级别，享受不同的会员服务，例如 VIP 专属见面会、VIP 会员活动，甚至 VIP 会员专属产品。不过，在粉丝经济时代，这种模式似乎出现了颠覆式的革新。

2013 年 8 月，当"罗辑思维"正式开始会员制时，"会员服务无特殊区别"的模式受到了很多的议论，甚至很多媒体并不看好这一形式——普通会员与铁杆会员之间的服务区别并不明显。但当付费会员制正式开放之时，6 个小时完成 5500 个名额的购买，现金 160 万到账的一系列数字，让所有人不得不再一次惊叹自媒体时代的颠覆力与潜力。

"罗辑思维"的"会员服务无特殊区别"模式，开创了粉丝经济时代的又一个先河。为什么"罗辑思维"的粉丝愿意趋之若鹜？专属会员号码、神秘礼物、送书……这些会员服务，并非是真正具有足够吸引力的权益。其真正的原因，不在于不同差别会员之间提供了何种服务，而是"罗辑思维"这四个字，给了粉丝群足够的骄傲。

那么，"罗辑思维"到底有什么神奇的地方，可以让粉丝感到"骄傲"？如图 2-1 所示。

"集结爱智求真、积极上进、自由阳光、人格健全的优秀人类"，这是"罗辑思维"建立之时，就确定的

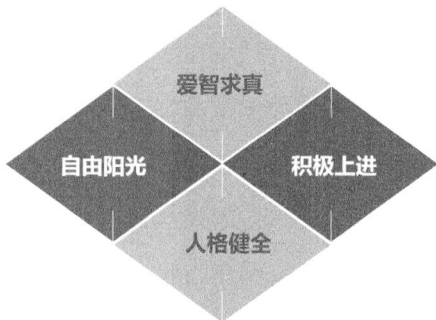

图 2-1 "罗辑思维"的"骄傲"

粉丝群体特征。而这类人，恰恰又是目前中国最缺少的一批人：阅读各种成功学图书的创业者比比皆是，不理窗外事只想埋头苦干者比比皆是，而愿意独立思考、并期待与他人分享交流的人却是"边缘人"。

如果说豆瓣汇聚的是热衷独立艺术的文艺青年（并同样取得了相应的成功），那么"罗辑思维"渴望收获的，则是具有一定文化修养的知识青年。

所以，当"罗辑思维"推出会员服务之时，当"罗辑思维"及罗振宇已经被贴上了"独立、学识、互动、思考"的标签时，粉丝们已经不再在乎究竟可以从会员体制中得到什么，而是在乎——当自己成为"罗辑思维"的一分子之时，会满足自己怎样的"虚荣心"？如图 2-2 所示。

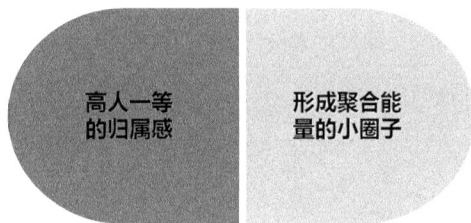

图 2-2 "罗辑思维"满足粉丝的"虚荣心"

1. 高人一等的归属感

"罗辑思维"所推崇的"独立、求知"，这是其他自媒体很少有的标签。所以，作为"罗辑思维"的会员，必然有一种鹤立鸡群的感受，与手机、电玩等粉丝相比，他们所凸显出的独立思考气质是独一无二的。当与别人谈起相关问题时，尤其是参加了会员活动、收到会员礼品之后，对于身为"罗辑思维一分子"的认同感，会更让内心感到满足。

2. 形成聚合能量的小圈子

"'罗辑思维'的核心从来就不是内容，而是社群。"

很早以前，"罗辑思维"就确定了自己的属性——社群。"罗辑思维"给粉丝带来了大量的知识和观点的启迪，但最终，它还是需要建立一个完整的社交群体：让会员与品牌、会员与会员之间，同时产生最为频繁的互动。如果没有这个定位，"罗辑思维"的会员服务就不可能推行下去。

通常来说，**具有独立思考能力的年轻人，或多或少都会有这样一种情怀：孤独。他们在思考的同时，也渴望能够和同类人进行交流和分享，这样自己的思考才是有价值的。**没有人愿意让自己的思想完全沉寂，即便这份思考是不成熟的。而当"罗辑思维"的会员服务提供了这样的一个平台之时，平台本身还能带来多少内容已经不重要了——最重要的"圈子文化"已经形成。

所以，这份看似无理也无用的会费一经推出，就立刻能够在很短的时间内吸引粉丝购买。

再往理想上靠，可以说，"罗辑思维"给一部分人打造出了一个"乌托邦"。而从古至今，乌托邦都是最摄人心魄的一种模式——即便没有真正的反馈，却能够从精神层面牢牢将群体团结。

事实上，"罗辑思维"捅破了粉丝经济时代会员制的窗户纸，而在这之前，诸如小米等品牌，也有过类似的举动。开放 MIUI 系统的开发权，让所有用户都可以创造主题并进行分享，将用户变成员工；官方账号、雷军的个人账号每天都会在微博上与用户进行互动；开放论坛管理权限，所有版主都由用户自己担任；每年都举办大型见面会，除此之外还有各个城市的小型互动……尽管小米并没有直接推出会员模式，但小米的粉丝却自己建立出了一套体系，并为自己命名为"米粉"。所以，小米手机的用户粘合度，是国内其他品牌都无法望其项背的。

最后，用几个关键词来总结粉丝经济时代的会员模式，如图 2-3 所示：

1．"格调"独特：给会员带来充分的精神满足，让会员产生"我的人格是独一无二的"感受。这一点，苹果手机最为明显。给用户带来截然不同的文化体验，让用户可以获得炫耀的资本，这是打造独特"格调"的关键。而罗永浩的锤子手机，目前也走上了这样的一条路。

2. 圈子文化：需要有一个平台，可以让用户与同类人相遇、相识，最好还能进行线下交流。就像小米一样，依托于微博、论坛，不断开展各类活动和交流会，并且鼓励粉丝进行互动，从而让"米粉"之间成为一个大家庭，提升用户的黏合度。

3. 走下"神坛"：创始人不再高高在上，他更像一位大哥和导师，与我们进行深度交流。雷军、罗永浩都是这方面的代表，而显然小米、锤子的用户忠诚度，也是各大手机品牌中最高的。

图 2-3　粉丝经济时代会员模式的特点

4. 加深互动：让粉丝可以直接对品牌发展提出意见，甚至做出改变，尤其是铁杆粉丝。让粉丝产生"我也是品牌的管理者"和"我就是品牌死忠支持者"的想法。很显然，小米的成功，正是来源于由网友们共同开发的 MIUI 系统，以及最为快捷反馈机制的小米论坛。

2.2　如何让粉丝拥有拿得出手的"格调"

"有人格，还要有'格调'，这是粉丝经济时代的最高境界。"

这句话，是社群分粉丝经济时代的一句至理名言。所谓"格调"，用最简单的语言来解释就是：具备"显摆"的资格。

毫不夸张地说，**在粉丝经济时代，"格调"几乎出现在所有有追求的品牌之中。**以一款手机社交游戏为例，我们可以通过"一键分享"将自己的游戏记录、游戏成绩、战胜了多少好友分享至朋友圈或微博，并广而告之所有人："我获得了'最牛'称号！你们服不服！"

当然，这种"格调"，只是"格调"的最基本追求。如果仅仅只停留在这个层面，这只能满足用户最基本的虚荣心，同类型的产品（游戏）一旦推出，并且质量更高，那么用户势必就喜新厌旧。

更高级的"格调"应该是怎样的？那就是借助社群，让用户的粉丝、好友通过你的行为得到收获。陌陌就是一个典型的例子：通过毫无目的的捕捉，我们发现了一个异性；而通过陌陌的不断沟通，我们与这位异性成了情侣。通过陌陌，这位异性对你有了非常深入的了解，觉得你是一个可以依赖的人；而你利用陌陌，也让自己的自信心大大提升，并且会对身边的人说："找对象没那么难！我就是通过陌陌找到的！"

这种"格调"，是不是显然会更有意思？说穿了，能真正让粉丝感到拥有"高格调"，并且能够和其他人进行炫耀，那么就必须实现价值。陌陌实现了一个价值：架起了人们最私密沟通的桥梁，它不仅是婚姻介绍所，也是曾经杂志里的"笔友天地"，可以说将传统的行业真正改头换面，使其实现了信息化、移动化，这是陌陌提升"格调"的关键所在。

但是，仅仅只是拥有价值，这也不是让粉丝拥有拿出手的"格调"的最高境界。想想看，范思哲的价值不高吗？可是如果你只是拥有范思哲的一身衣服，这依旧不能完全体现出自己的"高格调"。与格调紧密联系的，还有价值观。不是仅仅简单地只做粉丝，而是透出一种**"品牌与我的气质拥有相同的价值观，我与品牌是相辅相成的，我同样赋予了它生命"**，这才是真正的"高格调"。

有什么品牌，做到了这一点？毫无疑问，就是苹果。单论给予粉丝所期望的"格调"，无论小米还是三星，都无法与苹果所比拟。上至企业老总，下至普通员工，很多时候，是否使用苹果手机简直就成为了"是否有品味"的一个标准。那么苹果是怎样做到这一点的？如图 2-4 所示。

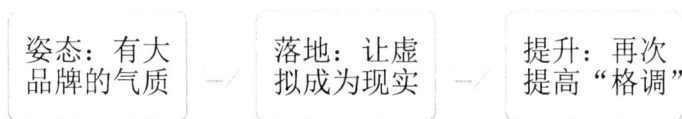

姿态：有大品牌的气质	→	落地：让虚拟成为现实	→	提升：再次提高"格调"

图 2-4　苹果手机的品牌塑造

- -

1. 姿态：**有大品牌的气质**

不可否认，苹果的傲慢有目共睹，甚至可以说，它的服务几乎是手机行业内最差的。但是，为什么用户还要对苹果趋之若鹜？因为，在苹果死忠的眼里，苹果这种举动就是一种气质，代表了一种精英意识：绝不会轻易低头。所以，当粉丝用上苹果之后，也会感觉到自己的"格调"也大大提升，也有了一种"高人一等"的气质。

苹果为什么敢这样？首先，苹果的确有这样的资本：颠覆却又封闭的 IOS

系统；工业设计、交互理念、生态整合上是业界顶尖水平。有了最顶尖品质的保证，品牌就有了最基本的"格调"，这也会让粉丝有了拿得出手的"格调"。

2. 落地：让虚拟成为现实

苹果最成功的一步，这是让虚拟社交变得真实。从 IOS 系统推出之时，苹果就具备了分享和传播的功能与服务，在智能手机还没有蓬勃发展的年代，当你可以通过一定渠道向朋友直接推送"我是用的是苹果手机，这个功能只有苹果才有"之时，会给用户带来怎样的自豪和优越感？言外之意就是：我就在使用苹果手机，并且非常棒，而你也是这样充满科技感的人，你为什么不来用呢？

一下子，苹果让用户的"社交格调"变得真实存在了。而当我们的推荐成功，有更多人选择使用苹果并形成小圈子之时，这种"格调"已经由点至面，发展成为了社会现象。当这个圈子看到其他人在使用其他品牌之时，会惊讶道："你怎么使用这个牌子啊？"这无疑是"格调"的最大杀伤力。

3. 提升：再次提高"格调"

与很多品牌产品定位过多、过杂相比，苹果之所以可以一直处于"高格调品牌"的核心，还在于简洁、精准，不断提升"格调"。无论 iPhone、iPod、iPad 怎样升级换代，它们的设计风格都极尽统一、个性十足，并且还在周边大做文章。例如，微博上的"来自我的 iPhone"的一个小尾巴，就足以让果粉们无比自豪。与此同时，不少外国厂商推出的 APP，总是第一时间登陆苹果商店，安卓系统会在之后的版本中才推出，这也给苹果用户带来了一种"我领先潮流"的感受。

有了情感，用户会对品牌付出真情；而有了"格调"，用户愿意心甘情愿地成为粉丝。当用户转化为粉丝，并有足够的"格调"和其他人进行分享甚至炫耀之时，这才能真正称为"粉丝经济"。

2.3 给用户一个升级粉丝的理由

拥有数量足够多的用户，这是品牌从小做大的关键；而在芸芸用户中，"选拔"出更进一步的粉丝，这是品牌持续发展的核动力。苹果之所以每推出一代产品，就会受到市场的热捧，很多人甚至不惜通宵排队购买，这就是粉丝的能量。

相比较用户初次使用感受品牌，粉丝更加喜欢品牌的文化，他不再只是使用产品，而是成为了品牌的一分子——不仅会购买品牌各类升级产品、周边产品，甚至还会维护品牌的价值。这一点，从网络上苹果粉丝与其他品牌不断发起纷争就可见一斑。极力维护品牌的一切，这已经不是普通产品用户的举动，而是狂热的"铁粉"才有的行为，如图 2-5 所示。

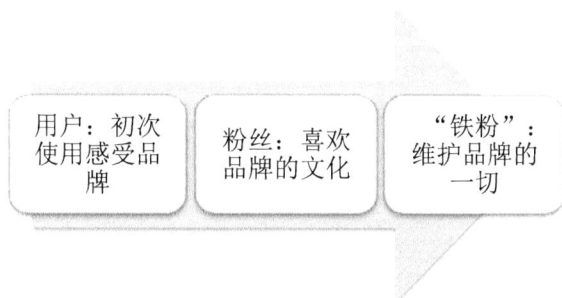

图 2-5 让用户进化成为"铁粉"

- -

正是因为有了这样一批粉丝，所以诸如苹果、小米、"罗辑思维"等品牌，反而超越一系列传统品牌，站在了消费市场、投资市场的顶端。也正因为如此，让用户升级为粉丝，成为社群粉丝经济时代所有品牌都渴望企及的梦想。

那么，我们该如何给用户一个升级粉丝的理由？这其中，依然少不了"格调"的存在。提升"格调"，是让用户转化为粉丝的核心。而在正式开始这个行动之前，我们需要了解一个定律：格调三定律。正如著名科幻小说《基地》里提出的"机器人三定律"一样，"格调三定律"在社群粉丝经济时代有着举足轻重的作用：

1. 每个人都有"格调"，格调高的人可以在格调低的人面前"显摆"；
2. "格调"的高低决定了你"显摆"的能力和效果，以及能在哪些人面前"显摆"；
3. "格调"不会降低只会提升，当你在别人面前"显摆"时，你的"格调"不会提升，当你被别人"显摆"时，你的"格调"有一定概率提升。

遵循这三个定律，我们就能找到让用户升级为粉丝的"理由"，如图 2-6 所示。

1. 系列延续，产品保证

从苹果、"罗辑思维"的发展可以看出，之所以果粉、米粉总是带有一种狂热的崇拜之情，首先在于产品线做到了稳定的延续。iPone3 到 iPhoe6，再到 iPad 各个系列的推出，苹果公司的最高领导人无论怎样易主（从乔布斯到库克），它的工业设计、产品属性、文化属性都是一贯延续的：科技感、前卫感、个性化、操作模式。

图 2-6　用户升级为粉丝的理由

在第一代的时候，苹果吸引到了足够多的科技迷；而当产品进行进一步创新与优化之时，精英文化开始向普罗大众散发，并且一直保持着足够高的产品设计。所以每一代苹果产品一经推出，就意味着"科技、时尚、个人"的标签更加深化，就会给用户带来更深刻的使用体验，因此无论哪一代的苹果用户都愿意伴随着苹果的成长，不断巩固自己的风格。

"罗辑思维"也是如此。从诞生之时，"独立、学识、互动、思考"的品牌文化一直伴随着它的发展，无论是早期的视频节目再到后期的会员活动、会员服务等，独立的文化姿态贯穿始终，并且一直保持着极高的水准，所以用户自然而然地就成为了粉丝。而反观有的品牌，定位不准、频繁变化，结果也许某一款产品取得了市场的好评，但用户充其量只是有好感罢了，当新品又一次出现强烈的变动之时，他们自然而然地也就移情别恋了。

所以，**让用户升级为粉丝的第一个理由就是：系列延续，产品体验保证，无论我们的产品是实体还是虚拟。**真正的果粉通常会说"我从 iPhone 4 一直用到了 iPhone 6s，根本就不考虑其他品牌！"这种"格调"，是其他品牌不能比拟的。

2. 数据挖掘

让客户变成粉丝，就要提供最为丰富的服务，尤其是平台类为主的品牌。以女性购物品台考麦林为例，这家曾经以直邮为主业的品牌，在如今的发展过程中，会对客户的数据进行大量积累与发掘，例如客户购买过什么产品，喜欢什么产品，价位主要集中于哪一档，对流行风尚有怎样的青睐，甚至包括客户的家庭成员、好友成员等都有所收录。而当客户再一次进行登录时，就会根据这些数据提供最适合的产品推荐，这让不少用户感受到了非常大的便利，因此愿意反复登录。

也正式因为这些数据的积累，麦考林通过分析发现：已经结婚成家的女性比 20 岁的女性对家具用品的需求明显大得多，并且也看到了中国女性主要喜欢怎样的产品，因此就可以提供针对性的服务。

这种极佳的体检，并根据大数据进行信息推送，会给核心用户群带来强烈的吸引力，这时候客户变成粉丝，也就水到渠成。

3. 附加价值

粉丝经济时代，最注重的是什么？除了过硬的产品体验，还有一点就是——互动。互动的一个目的，是为了给用户带来与品牌气质相近的信息，这份价值是产品本身不能直接提供的。

2013 年，星巴克在微信公众平台上，推出了这样的活动：音乐推送。通过搜索星巴克微信账号或者扫描二维码，用户可以发送表情图片来表达此时的心情，星巴克微信则根据不同的表情图片选择《自然醒》专辑中的相关音乐给予回应，这个活动非常有效，直接推动了很多消费者直接成为了星巴克的粉丝。用表情说话正是星巴克的卖点所在。

星巴克的音乐营销，以直觉刺激听觉，这是星巴克在咖啡之外带给粉丝的另一份信息。星巴克的用户具有怎样的生活习惯？追求精神生活、渴望欧式浪漫情怀。而音乐营销正中下怀：让星巴克进入生活的每一个细节。用户既可以在物质领域，享受星巴克的味蕾刺激；又可以在精神领域，从星巴克获得自己喜欢的、想要的音乐生活文化。

所以，当星巴克的粉丝与其他咖啡品牌的粉丝进行交流之时，会呈现出怎样一种优越？即便这些品牌的咖啡口味、品质上并无高低，但星巴克的粉丝就是有高人一等的"格调"：我享受的不仅是咖啡，更是一种生活。

给客户带来难以抵挡的附加价值，这满足了"格调三定律"的第二条与第三条。此时，用户已经从初级粉丝进化成铁杆粉丝，他有了"从此只愿意信赖你"的理由。

2.4　给粉丝打上个性标签的六个方法

"罗辑思维"的粉丝，给我们留下了睿智、思考、独立的印象；

豆瓣网的粉丝，给我们留下了文艺、特立独行、追求浪漫的印象；

而微博上的粉丝，给我们留下了爱热闹、爱围观、爱吐槽的印象。

这些成功做出社群网络的品牌，粉丝们无一例外都有着极其鲜明的个性标签。由此可见，一个成功的社群，必然具备一批充满独立人格的粉丝。如果社群粉丝的特点是模糊的、容易混淆的，那么这个品牌的气质也是这样——让人丝毫留不下印象。而这些品牌，也正是围绕着粉丝们的不同个性，不断针对社群进行相应建设，最终让社群符合所有粉丝的气质。

而想要赋予粉丝们一定的特性，给粉丝打上个性标签，就先要了解粉丝群体有哪些类型：

1. 接收者

在社群之中，为数众多的一批粉丝，仅仅是以接收者的姿态出现，很少对品牌进行主动了解，甚至是挖掘企业产品的亮点。他们的接收渠道，往往通过品牌的微博或微信直接推送，而不是直接进行搜索。

2. 传播者

传播者是指把某件事告诉别人，让更多的人知道，以达到自身想要传播喜好的人。而粉丝的传播性不仅仅表现在对信息的追逐上，他们通常还会向身边的人，甚至通过互联网向位于不同地方的人推荐他们所喜好的信息。

作为品牌的忠实粉丝，他们会充当企业信息的传播者。企业营销者所传出的信息对于消费者（粉丝）有价值，或者能满足他们对某些事物的情感需求和社群间交流的目的，粉丝就会积极推动企业信息的传播，充当品牌的传播者。

3. 创造者

粉丝不仅是信息的接受者、传播者，更是创造者。当品牌本身具备吸引粉丝眼球的亮点，粉丝就会千方百计去挖掘出这个品牌的其他信息，并进行不断地推广。更有甚者，粉丝群体会成为品牌的创造者——拍摄视频、撰写试用报告等，给品牌带来直接的推动力。

了解到三类不同的粉丝之后，接下来就要给他们打上独特的个性标签，如图 2-7 所示：

1. 从产品设计入手

对于普通的接收者用户来说，他们对于品牌的喜爱，主要是从主观上入手。所以，对于产品设计，就应该让他们感受到"美"。索尼曾经是全球电子产品的霸主，它能够领先潮流的一个重要原因，就在于产品工业设计非常高端，即便一名不是音乐发烧友的人看到了索尼的产品，也有想要购买的冲动。"富有

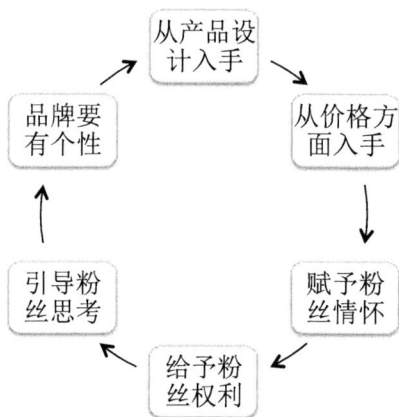

图 2-7　善于给粉丝塑造独特的标签

设计美感",这是所有品牌都必须给予粉丝的。

2. 从价格方面入手

总是追求"性价比"的用户,通常在与朋友交谈之中,习惯炫耀自己的产品价格如何实惠。所以,在品牌推广宣传阶段,如果我们的粉丝主要集中于收入不高的群体,那么"高性价比"的概念就应该反复提及。尤其是对于中小品牌而言,一开始也许很难雇佣顶级的产品设计师,所以产品设计总是有所欠缺,这时候就一定要做好价格控制,这样粉丝就会自然而然地想到自己:"我虽然还有不足,但是我具有实在的能力,这是一些所谓的'纨绔子弟'不能比拟的!"如此一来,个性标签自然形成。

3. 赋予粉丝情怀

罗永浩的锤子手机,主打的是什么?情怀!因为,喜欢罗永浩的粉丝,通常都对艺术、音乐有一定品味和追求,所以自然而然地,"情怀"就成为了这些粉丝的标签。

事实上,任何品牌都不妨加入"情怀"的气质,尤其是在产品推广过程中。90后用户追求的搞怪——表情工厂APP:我们要的就是囧;学生用户追求的纯真——超级课程表APP:要学习更要浪漫;中年用户追求的财富——挖财APP:轻松一点完成财富积累。这些都是借助情怀给粉丝贴标签的品牌。对于传播型粉丝,情怀有着不可低档的魅力。

4. 给予粉丝权利

对于喜欢创造的粉丝来说,自己动手进行品牌传播,这是必须要做的事情。针对这样的粉丝,品牌就应该创造相应的条件:开展手机摄影竞赛、手机微电影推广月等，同时还能给予粉丝一定的物质支持，这样粉丝就会产生一种自豪："我不仅只是品牌的用户，更是品牌培养出来的艺术家！"

5. 引导粉丝思考

没有一个品牌，愿意自己的粉丝只会说"好好好"，因为这恰恰证明了粉丝不动脑子，只是像僵尸一般的粉丝罢了。所以在社群之中，除了发布一些心灵鸡汤之类的"甜点"，还应该引导粉丝进行思考：这个功能，究竟会给我们带来什么？这款美食产品，如果自己动手是否好做？只有让粉丝拥有"思考"的标签，他们才会在与他人交流时大大方方地说起品牌，而不是总是如"花痴"一般根本无法讲解品牌到底给自己带来了什么。

6. 品牌要有个性

一个中庸的品牌，一款中庸的产品，是不可能带给粉丝任何个性的，甚至连真正的粉丝都无法得到。社群粉丝经济时代的品牌，最可怕的就是毫无个性，不能给用户带来任何深刻的印象。所以，**想给粉丝打上个性标签，品牌自身就需要拥有个性，哪怕只是很小的一个细节点——也许是价格，也许是设计风格，也许是操作模式，也许是销售形式。**打造自身的个性化，才能让粉丝感受到个性化并为己所用。

成都有一家年轻人开设的小咖啡馆，提供的饮品都很平常，但他们的内部装修却很个性：以漫画为主，墙壁上张贴着各种漫画海报和涂鸦，桌椅板凳也都尽可能走漫画风格。结果这家餐馆拥有了一批非常忠实的粉丝，他们都是漫画达人，经常来这里聚会，还会通过微信、微博等向店主提出新的建议，结果这个小咖啡馆成为了当地一道特别的文化风景线，粉丝标签非常明显。

总之，当不同的粉丝，有了各自不同的个性标签属性，那么在与其他人谈起品牌之时，就会散发出与众不同的魅力。就像苹果的粉丝拿出 iPhone 之时，即便只是一个普通人，却依然感觉到自己的身份上了一个档次。赋予粉丝个性，这是品牌给予粉丝的第一个礼物。

2.5　如何让社群信仰化为粉丝的身份认同

粉丝有了信仰还不够，因为信仰始终是飘在空中的，是需要跳起来才能碰到的；让信仰落地，真正变成自我的身份认同，这样才能建立最牢固的粉丝群体。苹果的粉丝之所以总透出一种"高高在上"的气质，不仅只是只有信仰这么简单；他们青睐苹果的产品，是因为感到了自己因为用了苹果，身份也产生了不同的变化——告别了"普通人"时代，有了与成功人士平起平坐的资本。而这正是几乎所有品牌想要追求的境界。

"罗辑思维"的一系列手段，就成功让社群信仰化为了粉丝的身份认同。"罗辑思维"的社群模式就是让粉丝可以自己思考，而不是单纯的媒介传播。除了长期提供各类逻辑思维话题，"罗辑思维"的"60秒"故事，不仅可以让粉丝利用破碎时间进行思考，还能够通过回复查看解读，这会给粉丝带来强烈的共鸣；而不时举办的小型线下交流，又让粉丝进一步在精神层面得到了满足。这种优越感的打造，让粉丝找到了一种寄托和身份认同——通过"罗辑思维"，我也成为了一名逻辑大师。在于别人交流之时，我可以不由自主地散发出个人风格，这是之前我所没有的！

所以，"罗辑思维"的铁杆粉丝，也带有很强烈的"知识分子气质"，愿意自己去思考。这一点，是小米的粉丝所缺乏的。尽管小米的社群粉丝已经做得很好，但是他们更多体现出的是一种对品牌的敬仰，却缺乏一种"我可以通过小米给你传达出信息"的身份价值。

那么，该如何让社群信仰转化为粉丝的身份认同？

1. 忘记活动本身，促进粉丝的交流

利用线上或线下活动，提升粉丝的身份认同，这是让信仰转化的关键。不少品牌都有这方面的活动规划，但都陷入了这样一种错误思维：活动的规模是否大？报道是否多？却不曾想过，这样的活动目的是什么？如果仅仅只是看重活动本身，却完全忽略了粉丝之间的互动交流，那么这就变成了展示会，而不是活动。活动的目的，是让粉丝可以聚在一起进行交流，满足粉丝与同类人之间彼此分享、交流的心理需求，而不是去看展示会。只有粉丝之间有了交流，他们才会真正感受到"格调"的提升，如图 2-8 所示。"罗辑思维"的一些线下活动不过十几个人，但是效果却非常好，这就是其中的奥秘。

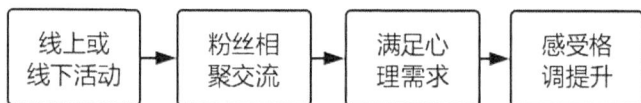

图 2-8　活动要能促进粉丝交流

2. 打造粉丝之间的合作精神

在粉丝进行交流的基础上，让粉丝可以更加深度的合作，这会更加深化粉丝的身份认同。大名鼎鼎的"车库咖啡"，正是借助这种模式，让品牌的社群模式更加成熟。车库咖啡将品牌彻底开放，在车库咖啡中创业的公司，不仅享受车库咖啡提供的各种扶持，还能在开放式的环境中随时与其他人进行交流，这其中既有合作公司，也有风投公司。此外诸如产品评比、商学院等，让车库咖啡用户的合作精神得到淋漓尽致的体现，即便慕名而来的"朝圣者"也会感到热血澎湃。所以，从车库咖啡走出的企业，都会给自己贴上这样一个标签：我是从"车库咖啡"里成长的。

所以，如果我们的社群，可以建立一个粉丝合作的平台，并不断进行完善，那么会取得怎样的效果？粉丝会紧紧围绕着品牌，产生与家一样的归属感。

3. 制定完善的社群运营策略

想要经营好社群，就必须建立完善的社群运营策略。很多企业不是没有社群发展，但是一旦管理混乱，今天策划了一个活动，接下来一周却又陷入沉寂。有数据表明，一个社群的热度往往很难超过两年，这一方面是因为管理者的热情懈怠，另一方面则是因为用户的新需求已经无法满足，所以发言的活跃度自然降低。而一旦到了这个时候，之前即便再忠心耿耿的粉丝，此时也会变得激情消散，对品牌的认可度越来越低，不要说身份认同，就连信仰也烟消云散。

如何摆脱"两年之痒"？唯一的方法就是**制定完善的社群运营策略，将考核机制引入社群**。例如，对于长期不参加社群任何活动的群体，就应该果断踢出。因为这样的"僵尸粉丝"不仅影响其他粉丝的心情，也会导致管理者也出现疲倦。所以，不断进行优胜劣汰，清除已经没有兴致的粉丝和没有管理积极性的管理者，优化最核心的粉丝群和管理团队，不断进行活动刺激和互动交流，这样才能保证整个粉丝群一直处于"热血"的状态，从而让身份认同一直保持下去。

4. 让社群更加细化

宝马的一个活动非常成功：举办小型活动，限制参与人数，但前来的会员都有很明确的目的和相近的身份。这个活动，说明了社群的价值在于运营，明确知道把这群人聚起来要干什么，而不是仅仅只让粉丝们在一起就算成功。毕竟，每一个粉丝的情况都不同，收入、学历、工作环境等，如果你的线下活动总是把自由撰稿人和化工厂技术员混搭在一起，那么会产生怎样的效果？自然就是面面相觑，不知道说什么好，即便这次活动你很想让所有人都互动起来。

　　所以，针对社群活动，就应该做一场、精一场，分析粉丝特征，然后确定相关主题。当活动主题与粉丝的关注度接近，得到了很多收获，并与非常相似的同类粉丝进行深度交流，这时候他们才会感到品牌与自己接近，认同这个身份属性。

　　无论线上还是线下，未来的社群活动，注重的是"小而美"，而不是追求全面。小到一个人或一个群体，让他们感受到品牌与自己的生活有着很丰富的重合，这才是最有效的。

2.6　社群领袖如何塑造社群信仰

　　社群粉丝经济，这是移动互联网时代任何一个品牌都绕不过的发展之路；而培养社群领袖，并让社群领袖发展出独特的魅力，辐射给所有粉丝群体，这是赋予品牌"生动化的人性"所必需的。

　　雷军就是这方面的典型案例。当我们说起小米时，还会想起谁？自然是雷军。雷军的口才很好，并且也很懂得与米粉们进行互动，尤其是一年一度的米粉节上，除了小米的产品之外，全场最大的亮点恐怕就是雷军了。水柔棉黑色T恤、轻弹直筒牛仔裤、帆布鞋，"雷军三件套"凸显出了雷军"自由、轻松"的状态，而这与小米的产品定位完全符合；此外，雷军在米粉节上表现出的小幽默、小聪明，也一次次赢得米粉的掌声乃至欢呼。这一点，再一次与小米的产品形象相吻合：小创新、小细节、小感动……

　　小米的产品，让小米的品牌价值得以传播；而雷军的出现，这让小米的气质更加"接地气"，和粉丝真正走到了一起。只有产品，小米的概念永远只是一个概念，和粉丝之间始终保持着一层隔膜；但雷军的出现，给予了小米足够的"人性"，让小米可以如朋友，而不是产品一般，出现在粉丝的身边。

　　可以说，小米成就了雷军的事业；但如果没有雷军的社群领袖魅力，小米依旧只能概念化，工业化，冰冷化。所以，曾经一直习惯于低调隐藏在背后的魅族总裁黄章，也在近年来尝试着走出更广阔的世界，开始加深与魅族粉丝们的互动。

从某种意义上来说，雷军、黄章以及后起之秀罗永浩，都牢牢掌握到了"社群领袖"的要领，让自己从单纯企业家的身份，逐渐发展成为整个品牌的社群领袖。一方面，他们在掌握着企业发展的各个方面，从宏观角度推动品牌发展；另一方面，**他们又是品牌的使用者，用"资深粉丝"的姿态，和粉丝们去交流使用中的各种细节**，如图 2-9 所示。久而久之，这些"社群领袖"成为了粉丝群体中的信仰，他们的穿衣风格、说话风格和情怀，都会被粉丝所追捧，并对品牌产生更深的依赖。

不过，目前借助"社群领袖"的能量塑造社群信仰的品牌，主要依旧集中于新派移动互联网品牌，很多传统品牌还没有完全开始这种方法。而事实上，随着社群粉丝经济的不断深化，"产品品牌 + 个人领袖"的模式才是品牌发展的"双轨模式"。

那么，如何操作，才能建立自己的社群领袖，并塑造出社群信仰呢？一句话来讲，就是：**找到属于你企业的社群，成为或打造社群里的意见领袖**。并且，这个"社群领袖"应当是多方位的，可以影响到品牌从铁杆粉丝到普通用户的各个方面，如图 2-10 所示，即为社群领袖不同的阶段。

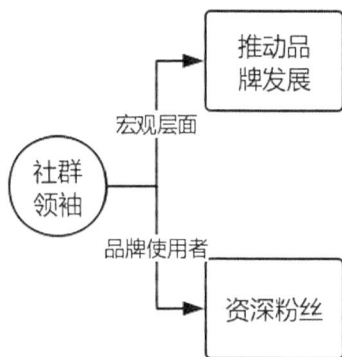

图 2-9　社群领袖的不同身份

1. 金字塔顶尖的社群领袖

金字塔顶尖的社群领袖，必然是在现实中有权利、有资源、有影响力的人物，尤其是品牌的本身掌舵人。雷军、罗永浩，这都是其中的代表。这样的社群领袖，首先对品牌有着最为直接的了解，可以轻松解答出粉丝的问题，并且自身性格与品牌特征相契合，甚至不时还会为了品牌的"面子"进行"炫耀"，恨不得所有人都能看见。并且，他们还会配合与品牌和自身性格相关的其他话题与粉丝交流，就像罗永浩在微博中经常会分享自己喜欢的音乐和电影，而这些作品又都是较为独立和另类的，与锤子手机的独特文化相得益彰。

当粉丝看到：自己的偶像与自己有近乎相同的审美与世界观时，会对他产生怎样的钦佩之情？当这份情怀又转移至产品时，又会产生怎样的信赖？所以，如果企业能够根据自身产品定位，尤其是直接面对消费市场的品牌，建立起属于自己的社交领袖，满足所有粉丝的心理追求，那么他就会对社群粉丝产生由上至下的辐射！

图 2-10 要成为金字塔尖的社群
领袖

2. 金字塔中段的社群领袖

只有金字塔顶尖的社群领袖是远远不够的，因为他们毕竟社会身份太高，有时候不免与广泛的粉丝群体有一定距离，粉丝更多的只是"远观"，很少有机会能够直接交流互动。这时候，我们就必须拥有一批数量的金字塔中段社群领袖进行补充。

金字塔中段社群领袖有这样一种特点：在互联网上有影响力，现实生活中没有权利。但他们直接在社群粉丝之中，拥有一定影响力和话语权，这部分人，正是社群众的"中坚力量"和意见领袖。最难得的是他们同样**具备专业性的意见，会及时解答粉丝群众的各类问题，还会经常组织一些小型活动，对社群成员有着直接的影响。**

为什么小米论坛一直都保持极高的互动性，每个主题都几乎达到了上百的回复？这其中，这批金字塔中段的社群领袖起到了不可磨灭的作用。小米论坛里的管理员和"红人"极多，他们鼓励所有论坛用户积极发言，并会在第一时间进行互动回复，解答各种问题，有时候还会举办一些门槛不高但回馈实惠的小型活动，加深粉丝对于小米论坛的依赖。当小米论坛成为一个大家庭之时，小米品牌的凝聚力也就正式形成。正是凭借着这群中段社群领袖的引导，品牌的口碑传播才具有病毒性和权威性，从而让更多的粉丝对品牌产生信仰。

现在，我们是否找到了建立社群领袖的思路？我们总是抱怨品牌的用户不够活跃，很大程度上是因为缺少了这样的社群领袖。仅仅建立了品牌的官方微博、微信是不够的，因为那缺少"人气"，**粉丝需要的不仅只是品牌推介、功能说明，更需要和一个活生生的人进行交流互动，满足自己的"虚荣心"**。还是那句话：成为或培养社群领袖，并成长为意见领袖，这样我们再能抓住社群的"潜规则"，最终真正玩转社群粉丝经济。

Part3

做"人"比做"企业"
更能吸引粉丝

　　不论是微博还是微信，具有个性化的、人格化的账号总会获得粉丝青睐。因为人格化的东西总是透着人的个性，具有可触摸的温度。所以，让你的社交账号充满人性，带上你的个性，粉丝才觉得亲切。

3.1 为什么马云的粉丝比"淘宝"多

翻开阿里巴巴掌门人马云的新浪微博，会发现这个颜值并不高的中年人，已经有一千九百多万个粉丝，远远超过淘宝网本身，很显然，用户更加关注这个创造了中国最大 B2B、B2C 平台的人。

早在前几年，马云就成了全名励志偶像，大家听他演讲、关注他和阿里巴巴的动态，甚至很多年轻人将马云当成人生导师，这一切都证明了马云的魅力。

从阿里巴巴网上交易平台到后来的淘宝网、天猫商城、阿里云等，马云用互联网颠覆着大众的生活，他一次又一次站在媒体面前，讲述自己的创业经历和互联网理念，在大家看来，他是一种全新生活的开拓者，但又不是高高在上。更重要的是，大众觉得马云的成功既是传奇，又能够被复制。

到底什么原因，造成了马云的粉丝远远高于淘宝网呢？如图 3-1 所示，正是这三个关键要素促成了马云众多的粉丝。

1. 马云与粉丝互动多

不论现场活动还是借助网络媒体，马云常常出现在大众视野里，与粉丝的互动也较为频繁，"淘宝网"是没有温度和思想的，但创造这个产品的人有，因此大众会将更多目光投向马云。

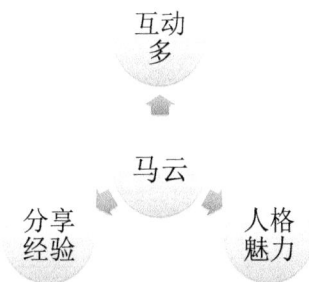

图 3-1 马云粉丝众多的秘密

马云开通新浪微博的第一天，有获得了六万名粉丝的关注，足见他的影响力。随着马云曝光次数的增多，粉丝们与其互动也越来越多，大众通过了解马云，去体会阿里巴巴旗下产品的风格，在粉丝们眼中，马云是鹤立鸡群的精神领袖，能够与这样的人互动，远比在淘宝网上购买产品要令人振奋得多。

2. 愿意分享他的成长与创业经历

不论视频还是文字资料，都能轻易找到马云的成长和创业经历，他愿意同大众分享这些，成为推动社会进步的积极力量。

粉丝们发现，马云并非天赋异禀，能够创造今天的成绩，主要靠他的坚持，才从一名草根变成励志偶像。正因为此，马云才有很多值得大众学习的地方，尤其是年轻人，他们愿意聆听马云的经历，对自己来说也是不小的精神收获。

在粉丝们看米，马云是慷慨的，将这些人生中最宝贵的经验，与大众一同分享，粉丝们被马云的人格魅力折服，因此愿意像他靠拢。

3. 展示人格魅力

马云能有今天的成就，是因为他比别人更有长远眼光，将生意搬到了网上，方便了卖家和买家。用户在享受 B2B、B2C 平台带来便利的同时，也被马云的前瞻性与独特眼光所折服。

每一项互联网技术的应用，都使得网上购物平台更加人性化，不论是大数据的推广，还是社群的建立，都在有节奏地悄然进行。

现在，淘宝注册用户有几个亿，平台上每天发生着无数笔交易，而且这个数字还在不断增长，淘宝网笼络了大批粉丝，但依旧无法和其创始人马云相提并论，因为粉丝们相信，马云所带领的团队，正在不断升级原有平台，同时打造更优秀的新平台。

我们能从中学到些什么?

1. 创业者的形象决定了品牌的整体定位

如今,创业者们纷纷从幕后走到了台前,经常出现在大众视线里,一方面是为了和粉丝互动,另一方面是为了展现企业形象,如图 3-2 所示。

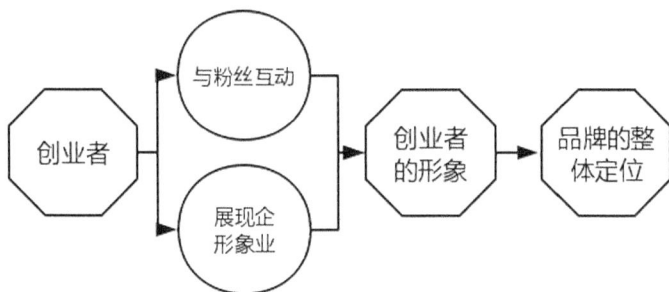

图 3-2 创业者的形象决定了品牌的整体定位

- -

在受众群体看来,企业和创业者是一体的,因此创业者的形象决定了品牌的整体定位,这里所说的"形象"并非单指的外在形象,粉丝们会更多地关注创业者的人格魅力,就像"果粉"们被乔布斯的匠人精神所打动一样,粉丝们能够从产品中解读出创业者的性格,社群是一个容纳有相同价值观群体的社群,若是粉丝与企业的价值观趋同,他们就会自动让创业者靠拢,并保持社群的长期稳定。

2. 好产品是创业者精心打造出来的

前文提到,想要打动更多粉丝,就必须有优质的产品和服务,而在粉丝们看来,创业者和产品是一体的,就像"果粉"们评价苹果产品的精致时,同时也认定乔布斯是个具有匠人精神的创业者一样,能够打造出优质产品的人,才能聚拢更多粉丝。

产品和服务是社群营销的核心，因此从设计环节开始，创业者就要充分考虑到用户，多征集使用者的意见，融入到产品当中，如果粉丝们觉得产品好，也一定会将创业者当成偶像。

3. 多与粉丝互动

从马云的成功经验中看出，多与粉丝互动，成为他们的朋友是非常重要的，在通讯发达的今天，微信、微博、QQ等社交平台已经成为拉近人际关系的有效工具，打造产品固然重要，但"会做人"的创业者更能有力地推动社群发展，经验证明，与粉丝互动不仅能了解对方的想法，还可以让粉丝更加了解创业者，因而缩短双方的距离。

社群中常会组织线上线下活动，创业者不妨多多参与，与粉丝们分享生活日常、产品信息等，都是不错的选择。

4. 多分享创业经验

互联网的发展与应用，促使更多人的创业想法成为现实，创业者若能像马云一样，慷慨地分享自己的创业经验，就能够巩固自己"精神领袖"的位置，才能真正成为粉丝们的偶像。

若能像马云一样，用人格魅力打动粉丝，吸引他们聚拢在自己身边，不论他推出哪一款产品，都有人愿意使用。

3.2　让用户平等地感受产品的五个策略

不难发现，社群营销的核心是"人性化"，引导粉丝找寻价值观趋同的群体，让粉丝有归属感，越能打动粉丝的产品，销量就越好，品牌影响力也不容小觑，马云曾说："要让用户触摸到产品和企业的温度。"他做到了这一点，阿里巴巴才有那么多铁杆粉丝。

如今，很多企业依托社群营销迅速发展，不论是小米、苹果、阿里巴巴、"罗辑思维"，还是微信、微博、QQ，小到自媒体，大到上市公司，发展社群经济的趋势越来越明显。这些读懂社群粉丝经济法则的创业者们，通过做大做强社群和圈子的路径，致力于打造新的商业模式。

了解这些品牌的用户会发现，他们的产品就像是活生生的人，能够懂得用户的心思，MyBMWClub 就是其中一员，成立不到五年时，就已经笼络了超过20 万铁杆粉丝，其会员遍布全国，相当于整个冰岛的全国人口数。

2009 年 4 月,MyBMWClub 正式成立,它从一开始就有着很明确的方向——定期组织趣味十足的线上线下活动，让用户以积分在网上商城中兑换礼品，加上陆续退出的增值服务，很受宝马车主的青睐。

截止到 2016 年，MyBMWClub 已经经历多次升级改造，其中有一个非常重要的节点：2011 年手机客户端面世、官方微博创建，到后来有了自己的网上商城、微信公众平台上线，MyBMWClub 在社群营销道路上不断摸索前进，并取得了非常好的成绩。

MyBMWClub 之所以如此成功，与其人性化的营销理念密不可分，它有足够吸引宝马车主注册会员的条件，策划的活动也深得粉丝们的心，MyBMWClub为会员们设计了更精彩的自驾活动，同时为身处不同地域的会员，提供了沟通交流的平台。

MyBMWClub到底是如何俘获粉丝们的呢？如图3-3所示，其正是通过这三个策略做到的。

1. 拥有共同目标

MyBMWClub知道，宝马车主普遍有经济基础，更注重生活质量，因此它将"开启悦享生活"作为活动主题，对会员有很大吸引力。

值得一提的是，MyBMWClub并非只抛出噱头，而是精心为会员准备了丰富精彩的线下活动，令会员们保持着高粘度，有会员表示："MyBMWClub是个有人情味的地方，它说到做到，我们不再是一个人去旅行。"

图3-3　MyBMWClub如何俘获粉丝

2. 高效协同工具

MyBMWClub线下活动开展得好，线上沟通平台也同步进行，打造了基于"PC客户端+微信移动端+微博"的网络社区，经过几年发展，已经形成一定规模的社群。

凡是加过MyBMWClub俱乐部微信的会员，头像就能被读取，随后生成未来一年的朋友圈，这个朋友圈中的内容每天都有大量更新，俱乐部同时会在上面发布活动公告等。可以说,这个朋友圈是非常精彩的。

另外,MyBMWClub 的成立,让 BMW 官方活动也日趋增多,很显然,网络工具让俱乐部有了更高的人气,便于会员找到志同道合的朋友,也能认识更多驾驶教练,或者爱车之人。

3. 量身定制方案

MyBMWClub 在北京、上海、广州的车主见面会都顺利结束,会员们非常满意这些线下活动,会员们在放松身心的同时,也扩大了自己社交圈子。

值得关注的是,该俱乐部致力于为会员打造个性化服务,因为大部分车主工作都比较忙,因此在时间和活动安排方面,MyBMWClub 也充分考虑到了这一点,不难看出,细节方面能做得好,是赢得粉丝的重要因素。

只有像 MyBMWClub 一样,处处为粉丝着想,才能形成社群,并得到持续发展,通俗地说,得让粉丝感受到企业的温度,他们才愿意靠近,从 MyBMWClub 的案例中,我们能学到些什么呢?

1. 学会做粉丝的"助手",为他们安排好一切

MyBMWClub 俱乐部在为粉丝策划活动的时候,会提前为对方充分考虑,不会贸然安排某项活动。

很多企业在组织活动的时候,只想到要突出某个主题,或者更注重形式,忽略了粉丝的切实需要,不妨多考虑细节,能够做粉丝的"助手",妥帖地为他们考虑好,在礼品选择方面,要体现其实用性,这样才能打动粉丝。

2. 引导用户真正融入社群

好的产品和服务永远是维系良好客情关系的纽带,能够积累更多粉丝,但

想要让他们真正融入社群，还需要企业不断发现他们的需求，并尽量满足。

MyBMWClub 俱乐部会使用各种手段，让会员无法离开这个社群，它不仅有线下活动，网络工具也不断更新升级，会员使用起来就更加方便。

粉丝选择加入社群，是为了扩大交际圈，找到志趣相投的朋友，企业为此开设的平台越广、渠道越多，越受粉丝欢迎。

3. 企业要与粉丝"交朋友"

尝试和粉丝交朋友，是当下企业正在做的事情，随着社群3.0时代的到来，粉丝与企业的关系应当更进一步，若只是把对方当粉丝，企业就无法做到去中心化，如果能够将用户当成朋友，社群则会更加融洽。

让用户感知企业的温度，就是要从细节方面温暖对方的心，所谓"不销而销"就是通过打动用户，吸引他们主动靠近，从而拥有自己的社群。

3.3 如何找寻产品的粉丝"代言人"

众所周知，企业通常寻找明星做代言人，实现产品推广和宣传，但在社群营销盛行的今天，不少创业者开始尝试，让粉丝成为品牌的代言人，既降低成本，又提高了产品曝光率。

与明星代言相比，用户更加相信粉丝说"很棒"的产品，因为这是他们亲身体验之后的评价。企业把某个产品吹的天花乱坠都没用，只要有一个用过的人站出来说："我用过，真的不错"，才会有人购买。

对于草根创业者来说，选择粉丝作为代言人，再合适不过了，一方面为自己做宣传，另一方面巩固与粉丝的关系。

周小姐开了一家甜品店，品种多，味道也不错，不论什么时间，店里几乎座无虚席，加上有外送服务，甜品店营业额十分可观。

值得一提的是，很多粉丝争相为周小姐的店做"代言人"，自告奋勇为其宣传。

开店初期，周小姐为了提高甜品店的知名度，鼓励粉丝多转发她的微博和朋友圈，坚持转发的人，就能得到代金券。

这个活动吸引了不少粉丝参加，有了代金券，他们来店里消费的次数也更加频繁，有时会还会带朋友一起来，周小姐的店逐渐积累起人气。

后来，周小姐建了自己的粉丝群，定期在群里发布新品照片，粉丝可以在群里自由讨论，还经常组织线下活动。

2014 年，周小姐推出一个活动：根据粉丝在线时间、到店消费金额、推荐朋友入群人数等，对他们进行综合评定，得分最高的人，将成为甜品店下一季度的代言人，能够享受一系列优惠活动，若有新品发布，还有优先试吃机会。

这个消息一出，群里瞬间炸开了锅，周小姐的甜品店，也凭借这个活动，扩大了社群规模，一年后，她又加租了两间门店，因为每天的消费者实在太多了。

从案例中看出，让粉丝帮创业者宣传是最好的途径之一，粉丝之间的沟通更为便捷，也更容易建立起信任，社群越融洽，创业者越容易管理，从上述案例中，我们能得到哪些启发呢？

1. 让粉丝做"代言人"是一种 VIP 待遇

如果愿意让粉丝做企业的"代言人"，一定会得到大批响应，因为这本身就是一种鼓励，粉丝会将它看成 VIP 待遇，因此特别珍惜。

粉丝社群是一个由创立者主导，为粉丝提供平台的网络社区，因此要多为他们提供机会，从粉丝中选择"代言人"，就是通过提高他们的曝光度，为产品做宣传。

2. 让粉丝做"代言人"本身就是不错的社群活动

不少创业者苦于没有好的活动创意，实际上，让粉丝做代言人就是一个很不错的策划，在选择代言人之前，不妨先造势，目的在于吸引粉丝的注意，参与人数越多，活动就越成功，影响也就越大，如图 3-4 所示。

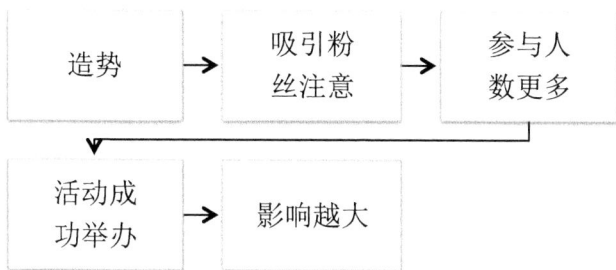

图 3-4　粉丝做"代言人"的价值

- -

既然是社群活动，对于如何成为代言人，成为代言人后能够获得哪些奖励，代言人多久更换一次，一定要事先计划好，并如实告知粉丝们，以免产生不必要的误会。

通常来说，粉丝会为产品做免费宣传，这是社群经济中早已形成的默契，而让他们做"代言人"，则更拉近了双方之间的距离。

如何选择粉丝做代言人呢？这个过程中，企业还需要注意哪些细节？

1. 把机会留给"铁杆粉丝"

粉丝代言人人选方面，自然优先考虑企业的铁杆粉丝，这是对他们长期支持你的回馈。这些距离社群核心部分最接近的人，愿意将更多用户带到这个社群中来，"代言人效应"才能真正起到效果。

值得注意的是，企业的铁杆粉丝众多，而代言人只有一位，这时候就需要通过有趣好玩的"竞选"活动，来选出最终的代言人。

在设计活动的时候，要充分考虑其观赏性和参与性，既要让更多人参与到其中，同时也要让他们玩得开心，至于最后谁会成为代言人，都不那么重要了。

2. 为"代言活动"造势

说到造势，很容易让人联想到商场门口组织的各种活动，这的确是不错的选择，但对于本身规模较小的企业来说，在网上进行造势同样有效果。

例如，可以在微博上发起活动，征集一名外形清纯的姑娘，为店铺做代言，邀请粉丝们将自己的照片公布在平台上，并发动大众投票，票数最多者为胜。

用代言活动本身去吸引受众群体注意，就能发现更多潜在用户，对于企业来说，不能错过每一次能够组织活动的机会。

3. 设计有效的奖励措施

虽然让粉丝做代言人，本身是对他们的一种精神鼓励，但若能给予现实中的物质实惠，则更能调动粉丝的积极性和满足他们的归属感，如图3-5所示。

例如，每个参与活动的人，都能享受一次现金折让；最终成为代言人的粉丝，赠送价值500元的服装等，用少量的成本换取较大的关注度，对企业来说是非常值得的。

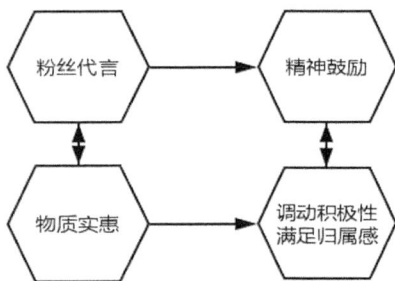

图3-5　精神鼓励和物质实惠要并行

4. 邀请"微明星"代言

随着信息技术的发展，生活在身边的人，有可能下一秒就成为某区域里的"微明星"，正因为消息传播速度越来越快，因此企业也可以邀请他们来做代言人。

有些人一开始并非产品粉丝,不妨赠送一些产品让他们试用,并让他们在微博、微信、QQ 等平台上,写出使用心得,其他人看到这些"微明星"在使用,不免会心动,随着他们不断推送消息,之前还在犹豫的用户就会开始行动。

"微明星"本身就是依托粉丝成长起来的,他们在社群中更容易受到关注,若是让他们做代言人,往往会起到很不错的效果,加上"微明星"乐于享受被曝光,他们也更容易成为社群中的"粉丝领袖"。

选择粉丝做代言人,是聚拢粉丝的一种有效方式,试想,原先只有明星才能做的事情,现在他们可以自己完成,提升了社群的参与性,从社群维护方面来说,也是非常积极的。

3.4 真诚沟通，做个真实的"人"

如今，投身社群粉丝经济的企业越来越多，在这样的大趋势下，要善于做"人"的不仅是企业家，也包括企业产品。

在传统商业模式中，产品只有好坏之分，它只是个可供使用的物品。但在社群粉丝经济中，产品也同样可以拥有"喜怒哀乐"，给予粉丝更加生动的体验。

那么，你要如何让粉丝触摸到你产品的温度呢？

1. 拟人化形象展示

要如何让产品做"人"呢？最简单的方法，就是一拟人化的形象展示产品。

在微博上，流传着这样一群"恶意卖萌"的企业账号：@知乎自称"知乎君"；@迅雷自称"雷娘"，并将迅雷下载宝成为"宝宝"；@杜蕾斯自称"小杜"……

与这些产品的"孤军奋战"相比，阿里巴巴则是抱团上阵：@支付宝、@淘宝、@天猫、@蚂蚁信用……众多产品微博号，频繁进行互动，通过互相评论、转发，将集团各产品间关系塑造成"朋友"关系，从而深化整个阿里阵营的拟人化形象。

产品微博的运作，同样是由人进行，既然如此，为何不让产品微博以更加拟人化的形象展示呢？

①拟人化的昵称

产品拟人化形象展示的第一步，就是为产品起一个好记的昵称。在社群粉丝经济时代，各种"** 君"、"** 娘"、"小 **"，甚至到了烂大街的地步。对此,如果你能够起出更具创意的昵称，当然更好; 如果不行，也不用执着于创新，以免创出让人啼笑皆非的昵称，只要昵称能准确表达产品即可。

②拟人化的形象

为了进一步深化产品的拟人化形象，你还可以为其量身定制卡通形象。在一般运营中，产品大多拥有自己的商标或品牌 logo；而在社群粉丝经济中，你还可以对其进行再创作,在保留产品图标主要元素的同时,对其进行拟人化改造，如图 3-6 所示。

图 3-6 要赋予产品拟人化形象

举例而言：迅雷的图标一直是一只蜂鸟的形象，蜂鸟的小、快、可悬停等特征，充分符合迅雷本身的产品定位。而在微博中，迅雷再次对蜂鸟进行了卡通化的改造，其头像就是一只蓝色蜂鸟睁着大大的眼睛，让人感受到一股"萌气"袭来。

③拟人化的内容

当你的产品拥有了拟人化的昵称和形象，在与社群粉丝的互动中，你就应该尽可能发布拟人化的内容，而非仍然停留在"官宣"的层次。

因此，在发布内容时，你可以从这几个角度着手：

首先，多使用主语，如"我"或以昵称自称；

其次，让宾语更生动，比如对用户的称呼，可以使用"同学""童鞋""筒子"，或者是你的粉丝代称，如小米的"miboy"等；

另外，多使用语气词。

2. 社交沟通真诚落地

让粉丝触摸到产品温度，需要各种外在手段的辅助，但这些手段仍然在于社交沟通。让产品站在"人"的角度上，真诚与粉丝沟通互动，才能以真诚实现落地，让产品形象"活"起来。

以产品为主题的社群，必然需要承担促动产品销售的作用，这也是各种商业活动的终极目标。然而，在社群粉丝经济中，想要实现终极目标，你就必然需要"讨好"粉丝，与粉丝建立真正的朋友关系。只有如此，粉丝才会主动关注、传播、消费。

因此，在与粉丝的沟通中，你必须要做到真诚，在平等沟通中，不过度宣传，也不过度回避，建立真正的社交关系。如图3-7所示，与粉丝平等沟通要做到这几点。

①成为聆听者

当传统商家已经习惯成为"倾诉者"，向消费者"倾诉"自己的品牌、产品、服务时，在社群粉丝经济时代，你要开始学会成为聆听者，聆听粉丝的需求。

让粉丝向你叙说他们的需求，不随意做出结论；在不解处提问，再深入地聆听。如此一来，粉丝才会信任你，而你也能真正挖掘和满足他们的需求。

图3-7　与粉丝平等沟通才能建立真正的社交关系

②切勿成为营销者

社群粉丝都是营销的重要渠道，但在其中，你却要明白，你要借助社群粉丝建立的并非客户，而是关系。即使有再多的粉丝数量，如果没有转化，也是一种失败。

在与粉丝的沟通中，切忌成为营销者，尽量以助人为目标，建立与粉丝之间的深厚关系，从而获得粉丝的主动帮助。

③发扬分享精神

你应该将产品公众账号打造为行业资讯分享平台，要明白的是，既然粉丝关注你的产品，那么，他们也会关注该行业的一些信息。此时，你可以主动分享，让粉丝获取有价值的资讯。

当然，在这其中，你也可以适当做出舆论引导，提升自身形象。

④切勿诋毁侮辱

"同行是冤家"，这句话并没错。但在社交平台上，你却要表现出自身的风度，在对待"友商"的问题上，你可以选择不传播"友商"的正面新闻，但切忌大肆曝光"友商"的负面新闻，甚至是主动诋毁侮辱"友商"。

在社群粉丝运营中，无论是对粉丝、友商，还是路人，你都要表现出足够的尊重，以免损害自身的形象。

⑤有耐心和魄力

让粉丝触摸到你产品的温度，就要让粉丝与产品、与你之间建立关系。而这样的关系，是一个一个建立起来的。这就需要你运用图文、视频内容、活动、社群运营等各种方式，不断进行关系培育。因此，你必须具有足够的耐心和魄力。

3. 量身定制产品或活动

在众多策略中，再也没有什么比量身定制，更能让粉丝感受到你产品的温度了。其实，量身定制也是社群粉丝经济的成功关键，只有如此，才能让粉丝感受到你的重视、你的温度；也只有如此，才能让粉丝一直聚集在你的身边。

①量身定制产品

想让粉丝触摸到你产品的温度，离不开你在社交网络上的一言一行，也离不开真正到达粉丝手中的产品。即使你说得天花乱坠，如果没有产品作为支撑，粉丝真正感受到的也只是冰冷的"欺骗"。

如何为粉丝量身定制产品呢？

最简单的方式，就是让粉丝参与设计，并票选决定。你可以在社群中发布主题设计活动，并票选出得票最多的设计，将其作为新品发布。

在量身定制产品时，你也可以采取跨界模式。此时，你可以聚焦粉丝的日常用品，如钱包、挂饰、鼠标垫、充电宝等，为粉丝定制专属产品，从而提升粉丝的归属感，并借助这些小产品让粉丝感受你的温度。

②量身定制活动

社群活动是提升粉丝参与感的重要手段，但在组建社群活动时，却不要想当然。与产品定制一样，你同样可以让粉丝帮你定制活动，直接将活动策划的权限交到粉丝手中，如图 3-8 所示。

当然，为了控制活动成本，你可以再制定几个活动选择，让粉丝从中进行选择，或进行一定程度的改善。

基于活动本身的特殊性，如果没有新奇，全都是粉丝自己策划，难免会造成粉丝的厌倦。因此，在提供活动选择之前，你就要做好策划，尽量做到新奇；并以粉丝票选决定，让粉丝体会到参与感，如图 3-8 所示。

4. 网红代言

2016 年被称为"网红元年"，在这一年，伴随着 @papi 酱的开门红，网红的营销价值得到确立。

在过去，网红经济模式离不开淘宝平台的支撑，网红＋电商成为网红人气变现的唯一渠道。但 @papi 酱却让网红经济的内涵进一步深化。既然网红的贴片广告都价值 2200 万元，那么，网红是否能够为产品代言，让你可以在其粉丝群众"打鱼"呢？

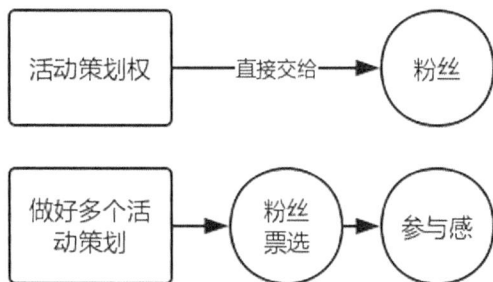

图 3-8　为粉丝定制活动的方式

答案自然是肯定的。

2016 年 6 月 30 日，网红经济再次爆出大新闻：知名主播 MC 天佑与某品牌签约，成为其产品代言人，而他的代言费是多少呢？ 2500 万元。与此同时，当红"小鲜肉"鹿晗的代言费也不过千万元。

①寻找贴近粉丝需求的网红

为何在一些企业的眼中，网红的代言价值，甚至数倍于明星？

因为在社群粉丝经济中，与明星相比，网红虽然同样是红人，但他们的气质更加"草根"，换言之，他们与粉丝的距离更加贴合。时下的明星虽然也会时时与粉丝互动，但相比于"专做粉丝生意"的网红，他们的社群粉丝运营能力无疑欠缺太多。

因此，在寻找网红代言时，你一定要考察网红的粉丝亲和力，如果缺乏这种力量，其代言效果也无法凸显。

②寻找符合自身定位的网红

据调查，虽然网红的粉丝数、影响力、影响面都明显低于明星，但其销售转化率却是明星的两倍。

举例而言，厨艺类网红"文怡"，大概没多少人知道她的名字，然而，这位网红在公众号文章中推荐了一个砧板，在短短的十分钟内，该砧板就售出 1.5 万个，超过同类砧板的全亚洲年度销量总和。

网红代言无法为你带来太多的关注度，然而，当定位重叠时，网红代言却能发挥明显作用。比如厨具与厨艺类网红、外设与电竞类网红、化妆品与美妆类网红……

之所以如此，是因为网红真正懂得如何深挖某类粉丝需求，他们的走红正是依靠粉丝的认可。此时，当定位重叠时，网红代言就能直接让你的产品获得该类粉丝的认可，粉丝也能透过网红，触摸到你产品的温度。

③创新代言模式

既然你没有选择明星代言，而选择网红代言。那么，在代言模式上，你就需要进行一定程度的创新。在传统的明星代言中，代言模式十分简单，明星录下一段广告："这个真的好，大家快来买。"

而在网红代言中，在社群粉丝经济下，你却不能带着太多商业的气息，应当"以理服人"。网红能够让你的产品与粉丝零距离接触，而网红代言的方式，最好轻描淡写一些，将广告融入内容当中。

比如你做化妆品，你邀请了一位美妆网红代言，那么，在网红发布化妆教学视频时，可以带过一句："最近发现了一种不错的化妆品，就是这个，然后继续教程。"即使出镜时间不过几秒，依靠网红的转化能力，也能起到极大的作用。

3.5 社群领袖聚拢粉丝的八个方法

对于社群领袖而言，需要时刻将粉丝聚拢在身边，一旦他们被"边缘化"，就会出现"粉丝转路人"的危机。

想要聚拢粉丝，社群领袖的人格魅力起到至关重要的作用，越来越多的品牌创始人开始在网络媒体上同粉丝们交流，恰恰验证了这一点，粉丝之所以会购买产品，很大程度上出于对创始人的崇拜，他们相信自己认定的偶像是独一无二的。然而，创业者的人格魅力能从很多地方体现出来：产品设计与性能、服务、品牌价值定位等，当然还有其值得回味的创业历程。

随着智能手机的普及和移动互联网的发展，网民对流量的需求空前增加，与有偿使用的移动流量相比，大家更倾向于 Wi-Fi，甚至出现了"没有 Wi-Fi 就会死星人"。

现在，Wi-Fi 伴侣的出现，彻底解决了这个问题，能够帮助用户免费接入运营商 Wi-Fi 网络的产品问世。

2012 年，Wi-Fi 伴侣 1.0 正式发布，虽然产品有众多瑕疵，但既然积累了十万名粉丝，其创始人从中看到大众对此类产品的需求，因而坚定了继续研发的决心。

到了 2014 年，Wi-Fi 伴侣团队不断对产品进行升级，一边提高无线网络覆盖面，一边提升用户体验感，粉丝数量一跃升至 7000 万，有 5000 多万商业无线网点与其合作。

在旁观者看来，Wi-Fi伴侣好像没做什么，就聚拢了七千万粉丝，其实不然，他做到了精准定位用户，并以用户感受为设计目的，通过不断推出好产品，来赢得粉丝的关注。

随着社群营销的发展，企业社群的意见领袖地位也日益凸显，大家纷纷开始研究如何聚拢粉丝，在这里，介绍一些方法，如图3-9所示：

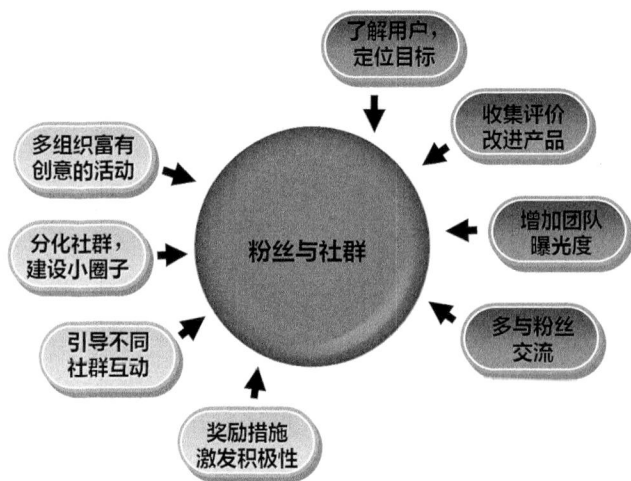

图 3-9　聚拢粉丝，构建社群的八个方法

1.了解用户，定位目标

任何产品的出现，都基于粉丝的需求，因此要充分了解这一点，知道谁有可能成为企业的粉丝，才有更明确的受众目标。

不少创业者急于寻找聚拢粉丝的方法，殊不知找对目标才是最关键的，向有共同爱好、生活方式、价值体系的人推送企业信息，能够更快地形成一个社群。

2.收集评价，改进产品

创建社群是为了更好地服务于粉丝，同时让他们有倾诉的平台，作为"领袖"，应当鼓励粉丝们说出想法，并收集其中有效意见，及时对产品进行改进和升级。

值得一提的是，如果能让用户参与到产品的设计和研发当中，对他们来说是一种很棒的体验，例如，企业可以举办产品创意大赛、在自媒体平台上向用户征集创意，并进行有奖活动，都能激发他们的热情和积极性。

3. 增加团队曝光度

如今，越来越多的创业者从幕后走向台前，不再像之前那样神秘，甚至会以"自黑"的方式出现，渲染了与粉丝互动时的气氛。

创业者越是大方地被曝光，越能增加与粉丝的互动频率，能够直接与创业团队互动，是很多粉丝的愿望，这种方式能拉近与粉丝的距离。

4. 多与粉丝交流

对于社群领袖来说，不但要将各种元素融入到社群中，让粉丝们有内容可看，有故事可听，还必须保持一定的交流频率，不妨多分享自己日常生活中的点滴，也可以将自己的成长与创业经历说出来，与粉丝分享，双方对彼此了解得越多，情感也就越深。

5. 多组织富有创意的活动

没有一个社群，不是因为丰富多彩的线上线下活动而发展的，作为社群，必须活跃起来，通过创意吸引粉丝眼球，并邀请他们参加品牌活动。越会造势的社群，越能留住粉丝。

6. 分化社群，建设小圈子

随着粉丝不断积累，社群开始分化为一个个部落格，就像腾讯 QQ 所创建的兴趣部落一样，粉丝们虽然身处同一个社群，但能够迅速找到适合自己的小圈子，如图 3-10 所示。

不妨在每一个部落格中，分别设立一个"部落领袖"，让粉丝去管理这些部落最合适不过了，不仅增加其参与性，更能在社群中找到归属感。

7. 引导不同社群互动

社群领袖不仅要鼓励社群中的粉丝多进行交流，还要引导他们与其他社群的粉丝交流，以形成价值趋同，再用好的产品和服务去吸引其他社群里的粉丝，以壮大自己的社群。

8. 奖励措施激发积极性

微信"抢红包"可谓开创了先河，成为引爆人气的有效利器，由此可见，用实实在在的"银子"去吸引粉丝，是个不错的选择。

作为社群领袖，不要忘了多向粉丝们派发奖励，这是激发他们积极性的有效手段。例如，直接给予现金优惠、将数量有限的代金券投放到群里，让粉丝们"争抢"

图 3-10　QQ 的兴趣部落

等，当然，不要忘记对粉丝进行精神奖励，以增强他们的归属感。

了解了社群领袖应当如何聚拢粉丝，接下来要做的，就是把这些方法运用到实际操作中，真正帮助创业者扩大知名度，建立起自己的社群。

3.6 丢失精准定位与个性化，社群将"雪崩"

对于社群营销来说，精准定位性化是必不可少的两个要素，所谓"精准"，是对市场进行细分，而这里所说的"个性化"，则是要满足不同用户的需求，不能将两者混为一谈。

大数据的运用，让营销者更便于细分市场，粉丝身上早已别贴了标签，这才令移动平台上的应用广告市场不断上演好戏。

翻开微信朋友圈，满眼尽是被叫做"微商"的创业者们，在这些看似不起眼的广告背后，腾讯控股公司在 2015 年前六个交易日，就创下股价上涨 13.07% 的业绩。相关人士分析，微信用户已经超过 6.5 亿，意味着"朋友圈"蕴含百亿广告商机，同时，早在 2014 年上线的"秒赚"客户端，也被爆出 8 个月产生超过 20 亿元的广告成交额。

巧借朋友圈营销的案例比比皆是，主要原因在于运用了"大数据"，创业者起初的营销范围并不大，但受众群体却十分受用，一位做微商的朋友曾说："先把自己的朋友圈打理好，自然会有朋友来咨询和购买产品，进而成为我的粉丝，当然，他还会介绍其他朋友来买，那时候，社群就基本形成了。"

可见，**对用户进行精准定位是建立社群的必要条件，相反，创业者若是"广撒网"，不仅增加成本，还鲜少有收效。**

个性化也是社群营销必不可少的要素，粉丝们既有共同愿景，又是独立的个体，企业要的做就是让每一个粉丝满意，听上去似乎很难实现，不妨看看"秒赚"APP 是如何做到的，如图 3-11 所示。

图 3-11 "秒赚"抢夺广告市场份额

- -

秒银科技在积累到 400 万用户时，公司都没有在推广方面花过一分钱。其"秒赚"APP 并未使用推广软件，而采用了"用户换用户"的新式推广法，用户利用微信、微博等社交群体，把这款软件推荐给朋友，假如朋友选择接受并下载了"秒赚"，推荐人就能拿到奖励。

其 CEO 马昭德这样说："广告被点击一次，就要向点击者支付一毛钱，其中七分钱给了直接看广告的消费者，剩下的钱应该分给该用户的 6 个粉丝好友。"

与企业相比，粉丝更加了解粉丝，他们会选择把向谁推荐产品，企业只需要适当拨一点好处给他们，粉丝自然会吸引更多粉丝过来。

腾讯微信和"秒赚"APP 的成功并非偶然，他们皆通过敏锐的嗅觉，对市场进行细分，把消息第一时间推送给可能最关注他们的人，再由现有粉丝向身边其他人推广，这样有利于企业发现产品的不足之处，因此粉丝们一定会在使用同时对产品进行讨论。而企业所获得的用户评价，又会对其改进产品有帮助，可见，"个性化"是社群营销的另一大利器。

对于企业来说，"精准定位"和"个性化"到底对社群营销有多大影响呢？

1. 只有"精准定位"才能利用好"粉丝标签"

如今，大众的生活早已"标签化"，将他们分成不同群体，只有针对不同人采用不同广告传播方式，才能事半功倍，因此社群营销离不开"精准定位"。

不少营销专家认为，再过 5 年，超过三分之二的信息传送距离不会超过一公里，数据多在每个人的智能设备间传送，因而社群内部会形成若干个小型局域网，因此，"朋友圈"将大数据分解成小数据后，信息更易精准定位。

2. "个性化"中蕴藏社群营销"潜规则"

虽然不同社群是基于不同兴趣爱好建立起来的，但社群之间并不封闭，处于相互融合的状态，这也说明了粉丝具有多元化选择的权利。

例如，A 先生从事互联网工作，同时又喜欢健身，那他肯定经常混迹于"互联网圈"和"健身圈"。

几乎所有粉丝都是这样的，因而能够将无数个毫不相干的社群联系到一起，促成互联网内部的和谐，同时有利于社群的发展。

社群内部粉丝之间也带有千丝万缕的联系，由于对核心内容关注度不同，他们对社群的影响大小不一样，社群本身规模也存在差异。粉丝能够自由选择社群，而他们之间的联系，又加速了社群的融合与兼并。

在"路人转粉丝""粉丝转路人"的过程中，社群呈现此消彼长的形态。

社群状况分析是为了更好地掌握营销"潜规则"，企业若能对社群中个体进行分析，并制定个性化营销对策，社群营销才能真正发挥效用，如图3-12所示，即为对待不同层次社群成员的态度。如果用一句话概括，那就是：寻找属于企业的社群，并成为社群中的"意见领袖"。

首先，要学会**重视高层次社群成员**。这部分在生活中一般掌握话语权，他们所拥有的资源比其他人要多，在为这部分用户服务的时候，要充分顾及其"面子"，多推出"高级""大气""上档次"的产品，要让他们觉得值得炫耀。

因此，企业为他们定制的产品和服务，一旦被他们所认可，则会令其在社群中产生居高临下的影响。

其次，要懂得如何**聚拢中层次社群成员**。这部分人在生活中没什么权利，但有一定资源和影响力，对社群中的核心内容十分了解，并且有一定话语权。

中层次人群数量仅次于高层次，但在任何一个社群中，都代表着"中坚力量"，同样可以算作意见领袖。

图 3-12　个性化对待社群成员

他们大多对产品有专业性意见，购买时会考虑产品的性价比，能够促成产品的口碑传播，因而对社群成员有较大影响，企业如果能抓住这部分人的"痛点"，就能增强口碑营销的权威性和影响力。

最后，**团结低层次社群成员**。这部分人仅仅比"路人"对社群的核心内容稍感兴趣些，甚至有些人就是来"凑热闹"的，企业面对这群只是被动围观、不会主动参与、人数又占社群最多的群体，不妨先用 Q 版漫画、微视频等比较

轻松的方式，让他们对产品有更深层次的了解，同时引导他们多与高、中层次的成员交流，尽可能让低层次成员参与进来，以拉近他们与企业的距离。

很多企业希望利用社群营销，将产品卖给每一个人，这个想法并不现实。不如耐心寻找与企业有共同价值观的粉丝，以便成立社群。应当更好的服务那些认同产品的用户，如果能得到社群中有影响力者的认可，好的口碑就会从中心一圈圈地向外扩散，前文中提到社群之间能够融洽相处，所以这种影响力会传递到不同社群中，通过这种口碑传播，企业能吸引更多用户，他们中才又可能产生"铁杆粉丝"。相反，若是缺乏"精准定位"和对用户"个性化"需求的研究，盲目地向所有人传播产品信息，就会将他们推荐给了并不适应的人，这部分人无法充分体验产品，反而会造成不好的影响，阻碍了口碑传播。

知道了"精准定位"和"个性化"对于社群营销的重要性，接下来要了解的，就是如何做好这两点：

1. 做好"三个关键"，有助于精准定位客户群体

社群营销中的"精准定位"，是为了在充分了解用户群体之后，将合适的产品销售给他们，以建立良好的口碑，社群才能不断扩大，这个过程中，企业需把握好这几个关键：找到目标客户群、细分客户、有效沟通，如图 3-13 所示。而要达到这三点，就应该这样着手。

首先，要了解用户的消费属性。不同用户的性别、性格、爱好、年龄、宗教信仰、收入、社会地位、消费观念存在差异，要先对社群中的成员进

图 3-13 要精准定位必须把握三个关键

行分类，再将产品精准推送给他们。

其次，要了解影响用户消费的外在条件。不要忽视了外在条件对用户消费习惯的影响，例如，生活在不同地域的人对产品的需求是不一样的，因此在做推广活动时就要注意这一点。

令人欣慰的是，大部分用户在社交平台注册时，就将基本信息写明了，企业应当对此进行筛选整理，便于划分用户的层级。

再次，建立与用户直接沟通的渠道。如今，拥有社交账号的用户多达几亿，而社交平台正是非常不错的沟通工具，企业想要实现"精准定位"，最好设立一些客服账号，便于同用户直接交流。同时企业还需要一个营销账号，例如，你打算在网上销售护肤品，就可以利用这个营销账号发布产品信息，但一定要避免"刷屏式推销"，可以多分享一些护肤知识，也可以发布搞笑段子等，同时不要忘记与评论的用户互动。

最后，寻找潜在用户。社群营销所强调的"精准定位"，不仅表现在了解用户的消费习惯方面，企业还可以"精准"地寻找潜在用户。

一位开服装店的朋友，就经常在百度知道上搜寻与服装行业有关的提问，并详细地解答其中一些问题，她对我说，这些提问者很有可能就是她的潜在客户。每天有成千上万人在百度知道里提问，若是能每天为自己增加几个粉丝，随着时间的积累，社群规模会越来越大。

当然，你也可以在百度这样权重很高的网站上做隐性广告，以吸引潜在粉丝的注意。例如，分享一段护肤心得、写一篇有关穿衣搭配的帖子时，可以在文章中写出自己的微信号，就像周迅在百度百科上公布恋情一样，用这些有影响力的平台，彰显自己的格调！

2. 形成数据库是实"个性化"营销的前提

使用淘宝网购物的人都知道，首页通常会出现你上一次浏览过的同类商品，这就是数据库的魅力，能够精准地记忆用户曾翻阅过的产品，为用户节约时间。

可见，个性化营销离不开数据库，这一点值得所有企业推敲。Amazon 是个网络售书的店铺，它没有实体店，只提供在线销售业务，并拥有高质量的综艺节目数据库和检索系统，用户可以将选中的书籍放到购物车中，再一同支付。

Amazon 书店的最大亮点是提供个性化推荐系统，能够为不同兴趣偏好的人推荐需要的书籍，用户只需轻点鼠标，就可以完成购买。

同时，Amazon 还会对用户购买过的书籍，和他的基本信息进行分析，根据实际情况向他们提出合理建议，这样就能不断更新用户信息。

不难发现，拥有完善数据库的企业都有不错的口碑，数据库能实现个性化营销，只有当每个用户都在社群中找到归属感，企业能够满足其需求的时候，社群营销才能继续下去。

值得注意的是，想要建立 Amazon 那样的网络平台，需要一定基础，并不适合草根创业者，不妨设计较为简单的数据库形式，将用户的公开信息记录下来。

"精准定位"与"个性化"缺一不可，只有两个要素相配合，才能保证社群营销处于正常运营中。

Part4 粉丝培养与社群构建七步走

粉丝培养是一个长期的过程，也是需要精心策划与坚持的。一夜爆发的粉丝，充其量只是围观者，并不是你真正精准的用户。而面对你最精准的粉丝，请给他们一个温暖的家——社群。有了社群，粉丝才有归属感，才会呈现出滚雪球般的复制力量。

4.1　细分人群，精准定位粉丝类别

谈到社群粉丝经济，它的关键词就是"粉丝"。所以，我们自然而然地就想到：必须要拥有大量的用户。不过，在社群时代，想要做好粉丝经济，单纯只有数量是远远不够的。数量如果不能转化为经济效益，那么数字无论多高，它几乎依然约等于零。

所以，品牌用户不是越多越好，而是"越准越好，越精越好"。质量远比数量重要。

无论从苹果到小米，从"罗辑思维"再到知乎，对于这些品牌的用户和粉丝，我们都有这样一种印象：他们非常非常忠诚，并且是消费的绝对主力军。而对于整个市场而言，这些用户所占的百分比并非绝对优势：全球智能手机数量已达近二十亿，而苹果用户数量不过四亿，绝大多数的智能手机用户都集中于安卓阵营，但没有一家手机厂商的盈利和口碑可以与苹果相媲美。

苹果之所以做到了这一点，正是因为对用户的精准捕捉。不求数量但求质量，这奠定了粉丝经济的基础。国内市场也是一样，从小米到乐视，每逢互联网硬件首发的现场，涌入的粉丝，几乎成了品牌最好的"标配"。甚至电影领域也是如此，《煎饼侠》之所以票房一路走高，正在于《屌丝男士》已经为电影培养出了足够多且有消费欲望的用户，因此在社群粉丝时代，用户的消费能力也就一次次刷新纪录。

来看看这些品牌是如何精准定位用户的：

1. 话题会在某个群体内产生化学反应

《煎饼侠》的受众群，精准针对那些喜欢泡论坛、逛微博的年轻人，他们年轻有想法，尤其对互联网有着很充分的认识，但受限于自身条件，依旧是个"普通人"。而《煎饼侠》也是一样，透过几个失意年轻人追求梦想的故事，并且其中的情节天马行空，从而让观众赞不绝口。《煎饼侠》不是那种标准的励志电影，因为热衷互联网的年轻人并不一定完全接受"心灵鸡汤"，而是对周星驰无厘头极为推崇，所以当"普通人＋梦想＋颠覆＋无厘头"的概念提出时，自然就会将用户精准定位。

2. 结合品牌不断给用户刺激

苹果诞生之时，它所针对的用户群是"对科技充满好感的人"。有了这个定位，苹果就会不断在这方面大做文章。重力感应、指纹锁定、SIRI 智能语音系统，再到最新 iPhone 6S 的 3D Touch 压力感应触控技术，最喜爱 iPhone 的粉丝，会在每一代产品上都感受到科技的进步，所以这部分用户不仅不会流失，反而更加忠心耿耿，并不断将苹果的理念向外传播，让苹果的精准客户群进一步扩大。"罗辑思维"也是一样，一开始就针对那些对知识有着无限渴望的人大做文章，所以成功捕获了第一批"铁杆粉丝"。

而反观中国手机领域的"中华酷联"，尽管这四个品牌旗下的产品众多，但他们粉丝定位并不十分精准，所以较难培养出对自己忠心耿耿的粉丝群体。

社群粉丝经济时代，精准定位用户，找到真正属于品牌的细分人群，而不是凭借着政策等其他手段占领市场，这是社群粉丝经济的基本法则之一。所以，我们就要找到最合适的方法细分人群，让自己的精准客户逐渐形成。

1. 定位的前提：找到用户的兴趣

产品推向市场后，针对用户建立相关的分组和交流论坛、QQ 群等，这是很多品牌都会做的事情。但如果想要让用户转化为粉丝，进一步细化人群，锁定我们的精准用户，仅仅建立交流平台是完全不够的。我们应该从兴趣的角度进行定位，根据目标用户群的兴趣准确地"狙击"他们，设立更为细化的论坛板块和 QQ 群。例如建立"深度智能使用交流群"，把我们品牌中喜欢影视音乐的用户集中到更为细化的 QQ 群里，并定期和用户分享相关信息，鼓励用户彼此交流，这就会让用户感受到归属感。也许通过这样的筛选，我们最终的每个细分群不过百人，与一开始的用户数量相比百分比低了很多，但正是这批最精准的铁杆用户，才是品牌最终占领市场的核心。

2. 寻找用户的身份认同

社群粉丝经济时代，用户除了对产品本身的使用之外，还渴望找到身份认同感，所以这也是精准定位用户的一个关键。例如有一个针对 80 后的微信订阅账号，就曾在正式投放的前三天，分别推出"寻找七龙珠"和"我们在周星驰电影里是如何出现的"的活动，结果没过几个小时阅读量就突破十万，并有数万的用户对账号进行了关注。

持续性的精准话题，会给精准用户带来共鸣，当转发不断增加之时，品牌的精准用户群也就形成了。品牌的内容让用户有了强烈的身份认同，这样就能形成很好的传播效果，如图 4-1 所示。

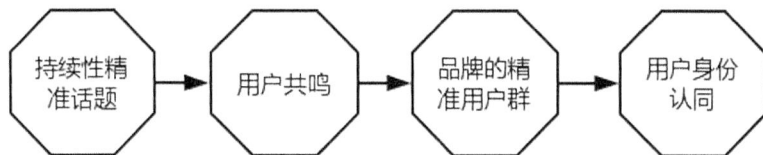

图 4-1 用户的身份认同影响话题传播

3. 针对精准用户，创造创新产品

精准用户，就是我们的真正粉丝，是最能创造价值的群体。所以，针对精准用户，我们就要为他们提出精准的"小众产品"，让他们与品牌产生无缝的结合。就像小米曾经推出的"迷你路由器"，事实上对于大众而言，它也许并没有足够的吸引力，但是对于铁杆"米粉"而言，这却非常有实用性，并且能够大大提升"格调"。

对于"迷你路由器"，雷军曾这样说过："小米的不少粉丝都是在校大学生。很多很多学校过了晚上 11 点就要熄灯停电，笔记本和手机都可以靠电池继续工作，但路由器不行。不管是做作业还是打游戏，一个可以边充电、边工作的路由器可以继续保持宿舍里的网络环境。"所以，当小米路由器推出之后，尽管与小米手机相比销量低了很多，但是在"米粉"群体里却非常受热捧，甚至如果谁顺利抢购就能在小圈子里成为"明星"，因此小米更加笼络住了自己的精准定位用户。

4.2 抓住痛点，彻底解决粉丝需求

社群粉丝经济时代，有这样一个词被反复提及：痛点思维。无论在互联网媒体还是传统媒体，痛点越来越多地被提及，这到底有什么作用？

痛点思维，是相对于传统思维提出的概念。在传统商业领域中，多数企业的做法是先去研发并推出市场，然后寻找适合品牌的用户；但痛点思维却与之相反：在产品立项后不着急马上进行研发，而是确定一类人的痛点（需求）在哪里，最好这个痛点具有广泛意义并持续了一段时间，然后想办法找到方案解决它，直接针对客户的需求入手。

别克英朗是是别克旗下一款非常经典的车型，不过在国外这款车主要以两厢为主。而引进中国之后，别克英朗通过分析发现中国用户对三厢车情有独钟，所以针对中国市场特别推出三厢版，并命名为英朗 GT，从而更符合中国客户的审美口味，结果一举成为销售热门。这就是典型的"痛点思维"。

到了更纯粹的互联网公司身上，这种"痛点思维"就变得更加常见，例如陌陌、墨迹天气、新浪微博等，都是在不断寻找客户的真正需求后进行反复调整，从而直接刺激到客户的消费欲望。过去的消费者看到新品时，会这样说："原来它有这个功能，但是对我有用吗？"从而打消购买欲望；但痛点思维，却可以让用户意识到："这个功能终于出现了，我等了好久！"

简单总结一下，想要真正抓住用户的痛点，我们就要从这三个环节切入，如图 4-2 所示：

1. 有没有满足

尽可能满足用户的需求，这是抓住痛点的关键。能够预见性解决客户的需求，例如百度地图的实时定位、股票软件的实时交易，这是瞬间感动客户、并领先同类品牌的核心。发现"需求蓝海"，才能撬动客户的心。

2. 性价比高不高

能够解决用户的痛点，更要让用户可以消费得起。所以，如何降低成本，提供更便宜的产品和服务,甚至能否提供免费产品,这决定了用户是否愿意花钱。就像360科技首推的"免费杀毒"模式，既满足了客户渴望杀毒的心理，又让客户可以享受最具性价比的服务，所以它就能一举打败金山、瑞星等一系列老牌软件，成为装概率最高的杀毒软件。

图 4-2　抓住用户痛点的三个环节

3. 速度是不是很快

客户的痛点，永远不要奢望一次解决。老的问题之后，还会有新的问题出现，这种痛点是持续性的。所以把满足用户需求的效率提高，就意味着你可以一直保持着对客户的高吸引力，并降低成本。

"别让我想，别让我烦，别让我等。"这是互联网时代的用户心理，它们分别针对问题、价格和效率。意识到这三个环节，"痛点思维"就会形成，并彻底解决客户的需求。

YY语音能够顺利上市，正是因为解决了这三个问题。最初人们玩网友游戏时，在与队友之间沟通很不方便，经常因为打字过于麻烦导致失败，所以 YY 语音就根据这一需求，第一时间推出了实时语音沟通、免费下载、使用较少内存和网络的服务，结果让游戏者的体验大大提升，因此时至今日依旧是语音聊天市场最受用户与资本双青睐的品牌。

"痛点思维"建立之后，还需要继续解决这几个问题，如图 4-3 所示，客户的需求才能真正彻底解决：

1. 是不是真的止痛了

客户有了痛点及时止痛是第一步，接下来更要解决的是如何不让"痛"反复出现。例如这两年最火的打车软件，一开始很受客户欢迎，可到了现在，经常下单预约之后却久等不见车出现，效率逐渐低下，结果客户曾经的"痛"又一次复发：还是不能很方便地打到车。

一次止痛能够被客户接受，但解决方案不能是临时性的。所以，如何维护和优化"止痛方案"，进一步提升优势，是所有品牌必须思考的。

是不是真的
止痛了

↓

"糖果"够
甜吗

↓

是不是以人
为本

图 4-3　以客户需求
为中心解决问题

- - - - - - - - - - -

2. "糖果"够甜吗

当解决了用户的第一轮痛点，接下来就要寻找新一轮的痛点。就像网上订电影票，最初这解决了人们长时间排队的问题；接下来，一些品牌还推出了"在线选位"的功能，让用户的体验进一步提升，因此这是有效的。但是，对于"KTV 在线选位"的功能，这个真的刺激到用户的痛点了吗？

事实上，KTV 不同于电影院，它以包厢为主，并且绝大多数的 KTV 包厢装修雷同，所以这个选位功能就显得很鸡肋，在市场反响很平凡。即便我们真的需要预订 VIP 包间，只要一个电话沟通即可，在线选位并没有提升多少效率，这块"糖"不仅没有让客户感受到甜，反而有些食之无味。

所以，寻找"痛点"不是高层们的闭门造车，而是应当通过大数据分析得出结论。真正的"痛点"，应当是客户的"刚需"，真正能带来底层改变的策略，而不是模棱两可的需求。

3. 是不是以人为本

痛点的概念，几乎所有企业都在说，但我们必须要把握这个原则：真正的痛点，必须以人为本。如果我们的解决方案没有给人带来帮助，却反受其累，那么即便再优越也是无效的。就像最早诞生的智能家居，它的确满足了人们更加方便管理家居的痛点，但需要让客户将所有家居产品全部更新，甚至系统本身也有不少 BUG，这就是无效的"需求解决"，还会给客户带来麻烦。

新一轮的智能家居已经注意"以人为本"，不仅在成本上大大降低，仅需能够联网的接收器即可，同时功能也大为增加，实时跟踪主人在家中的行为、爱好、适应度等个性化情况，整理归纳出符合主人性格与行为的模拟"逻辑性思维"，剔除了很多看似花哨却毫无用处的功能，这就给用户带来了非常好的体验。

所以，在解决痛点时，我们必须把握"以人为本"的原则，对于那些花哨却不实用的功能大胆砍掉，让用户可以便捷、快速，甚至不用思考地解决问题，这才是打动客户、培养粉丝、建立社群的核心。

4.3 持续传播，塑造粉丝习惯

早晨六点半，当我们刚刚起床，还处于"马桶时间"时，下意识地就打开手机微信，聆听新一天的"罗辑思维"语音，这才宣布着一天的正式开始……

当用户养成了一种下意识的习惯甚至是条件反射之时，"罗辑思维"的品牌价值正式形成，并培养出了一批愿意每天醒来就听语音的忠实粉丝。这就是"罗辑思维"的成功之处。让产品成为生活基本用品，让用户使用产品变成行为习惯，这是所有品牌都渴望达到的目的，而"罗辑思维"做到了。

保持传播的持续性，塑造用户习惯，这是让粉丝加深印象的关键。"罗辑思维"的"清晨语音"每天都非常准时，就是为了让我们的生活轨迹和生活方式产生变化，满足具体的时间、具体的地点、具体的场景中的需求。久而久之，品牌就融入了生活，成为了密不可分的一部分。

通过"罗辑思维"的用户习惯塑造，我们也可以得到这几个结论，如图 4-4 所示：

1. 信息的持续化

每天六点半准时更新，风雨无阻。当用户经过一段时间的培养后，就会养成这个习惯，就像闹钟一般提醒自己收取信息。

2. 信息的有用性

"罗辑思维"带来的信息内容每一天都是新

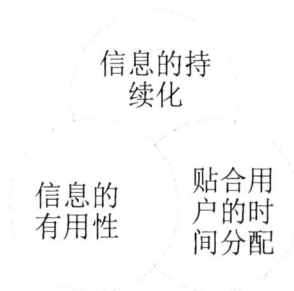

图 4-4　"罗辑思维"塑造
用户习惯的方法

鲜的、有用的，这才能保证用户愿意倾听。如果都是垃圾消息，那么用不了一周时间用户就会果断卸载。

3. 贴合用户的时间分配

为什么选择在六点半而不是其他时间？"罗辑思维"语音毕竟不是工作，我们很难做到每天固定一个时间去听相关内容，除了清晨。刻意在六点半发送内容，就是为了避免其他时间用户没有办法听，导致行为习惯养成率较低。

小米也是如此，每周都会定时推送相关系统更新信息，这样当小米用户持续一段时间后，就会在周末自己的时光里期待着这一刻的到来，而其他手机却是很少提供这种服务的。所以，小米笼络用户的方法有很多，而定时发送升级包也是其中的重要手段之一。

掌握了这几个原则，我们才能够正式从以下几个方面去塑造用户习惯。

1. 用心理暗示去养成"习惯"

为什么我们在互联网搜索知识时，第一时间会想到"百度"？因为百度诞生之时，它就一直灌输这样的观点：搜索引擎算法最优秀，筛选结果最专业，用户习惯最符合中国人。但事实上，如果你使用了搜搜等其他引擎时，会发现其实各个品牌基本上都大同小异罢了。但是，百度利用一系列的宣传，以及百度知道、百度贴吧、百度文库等功能，不断丰富着这一观念，从而逐渐给用户带来了不可磨灭的印象，一旦用户需要相关搜索之时，第一时间就会想到百度。

"既然 ×× 品牌已经可以满足我的需求，为什么我还要用其他品牌呢？"当用户形成这样的思维，习惯也就会随之养成。尽管目前来说，我们不能再使用"最好、最棒"之类的词汇进行宣传，但利用心理暗示告诉用户"我们才是适合你的"的方法却不能停下来。当大脑形成一种惯性思维时就会很难改变，因为用户的脑海里会觉得：不用特别做思考的行为才是最舒服、最自然的。

2. 给甜头去养成"习惯"

之所以用户愿意养成习惯，是因为这个习惯会给自己带来好处，有的是精神上的，有的则是物质上的。而对于平台类品牌而言，实打实的物质回馈，最容易养成客户的行为习惯。这其中，掌阅阅读堪称做到了极致。掌阅阅读诞生之时，各类阅读软件非常多，但随着大浪淘沙，如今掌阅已经成为了电子阅读平台的龙头，这其中"每日签到，持续 30 天抽大奖"的活动立下了汗马功劳。并且，它所提供的产品也非常诱人：主题背包、相机、电脑、话费……

尽管这样的活动，会让掌阅产生一定额外费用，但这却让用户养成了每天登录签到的习惯。久而久之，掌阅就会拥有一大批忠实粉丝，这在同质化严重的电子阅读平台中创造出了全新的增长点。

所以，如果品牌有这个能力，那么诸如"每日签到、登录有奖，发帖 / 回复有奖"这样的活动就应该持续下去，如图 4-5 所示。让用户得到甜头甚至上瘾，粉丝部落就会自动形成。

3. 尊重用户的习惯去推送养成"习惯"

想要让客户养成习惯，最重要的不是颠覆，刻意改变他的习惯，而是借助他曾经的习惯进一步深化，从而养成新的习惯。就像"罗辑思维"的用户群，基本上都有早起的习惯：热爱思考的人，多数都不愿意睡懒觉。所以设定在清晨六点半，会和他们的生活习惯相吻合。

图 4-5 能给用户"甜头"的活动要持续

顺着这个思路，就可以想到：用户是学生群体，那么相关信息推送最好在晚上八点左右，这时候他们最有时间去阅读和讨论；如果用户主要是白领，那么中午午餐时间才是最佳信息推送时间段，这个时候他们可以放松心情，了解相关资讯。

4. 借助相对固定的活动养成"习惯"

小米每年一度都有一个"米粉节"，除了新品发布之外，就是要给粉丝们之间更为深度的交流平台。所以每年临近四月之时，小米的粉丝就开始一系列行动，这同样就是一种习惯的养成。当米粉们习惯了参加每年一度的"米粉节"之时，会更加对小米产生使用习惯，否则第二年自己就没了这个资格。

也许我们的品牌并不适合举办这样的大型活动，但定期举办一些分享活动，如线上 logo 海报设计大赛、线下用户交流分享会等，都可以给用户带来好处，并养成使用→习惯→交流→学习→再习惯的良性模式。

4.4　举办活动，强化粉丝身份认同

2014 年乐视网举办的"乐迷节"诞生。在互联网沉浮近十载的乐视网，也在继小米、魅族、淘宝、京东之后，大张旗鼓地召开了属于自己粉丝的节日。

越来越多的品牌，都走上了"专属节日"的步伐，而乐视网刚一开始就展现出了雄厚的实力：怒砸 1 亿。似乎，举办活动成为了这些新兴品牌不得不做的营销工作。为什么他们会对活动如此情有独钟，并投入巨大的精力？

这样做，只为了让粉丝更加**认同品牌**，强化自己的**身份认同**，由初级粉丝进化为**铁杆粉丝**；同时，吸引更多的**普通用户关注**品牌，在**得到实惠、分享喜悦**的同时，正式**成为粉丝**，如图 4-6 所示。

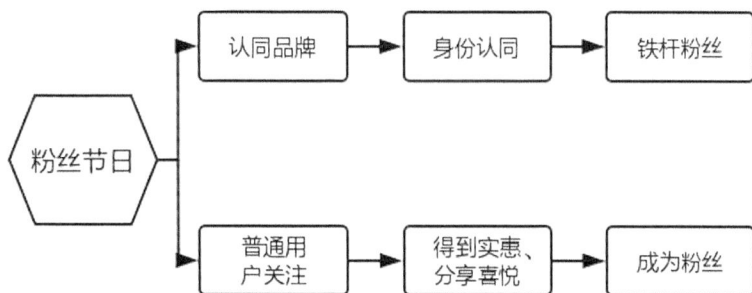

图 4-6　设置粉丝节日的价值

看看乐视网在"乐迷节"上准备了哪些手段：

"乐迷节"启动七大活动，预计发售 10 万台乐视 TV 超级电视，全场配件特价五折起，同时提供价值 7000 万元现金券，加上赠送电视、全场免运费、全生态折扣等活动，共让利 1 亿元。此外，活动当天，用户无需预约即可登录乐视商城直接购买。而其他产品如进口葡萄酒、大闸蟹等，甚至低至 2.5 折回馈用户。

为什么乐视乃至其他品牌都会不遗余力地推介自己的粉丝节活动？

1. 打造极致曝光点，创造互联网热门话题

品牌需要极致的曝光点，实现高曝光、高流量、高转化、高成交，这既是一次成功的广告，也是给投资方的信息反馈。尤其是对于电商而言，只有不断的活动刺激，才能在竞争激烈的红海领域脱颖而出。而从各家的效果来看也的确达到了目的：京东 818、淘宝光棍节、小米米粉节，每当盛会开始之时，那几天的社会新闻、财经新闻头条几乎都被这几家品牌所垄断。

2. 让粉丝们感受到情怀

粉丝节都会针对粉丝进行大型回馈，有时候价格甚至低于成本。而无论多铁杆的粉丝，本质上说他们依旧是"消费者"，所以在价格极度优惠的基础上，配合各种煽情的文案，会让粉丝感受到品牌的浓浓情怀。

所以，除了小米、京东、乐视这些耳熟能详的品牌，诸如康桥地产、悟空理财、新希望乳业等后起之秀，也在开始布局自己的"专属节日"。

当然，不是所有的企业，都适合大张旗鼓举办大型"粉丝节"，但是至少我们可以举办小规模的用户活动，强化内心的身份认同。活动无论规模大小，但都需要遵循这样一个原则：了解用户的喜好，洞察他们的虚荣点在哪里，然后在你的活动中，把这点融进去。

把握好这个原则，在做粉丝活动时，我们就应该注意这几点，如图 4-7 所示：

荣誉感比物质奖励更重要

活动开始前，思路最重要

让活动更专业

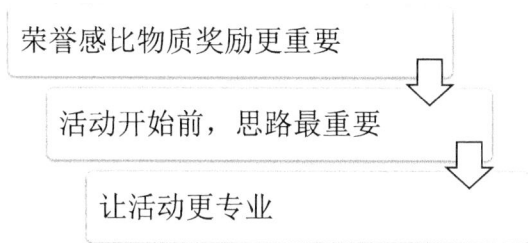

图 4-7   做粉丝活动时的注意事项

1. 荣誉感比物质奖励更重要

部分品牌做活动之时，会陷入这样的误区：企图用大量的物质奖品提升现场气氛，并将此看作是活动成功与否的关键。也许在十年前，这样的思路没有错，但是要记得，对于社群粉丝经济时代而言，虚荣心、荣誉感远比物质奖励重要。

看看小米、苹果的活动，什么时候刻意赠送产品？优秀的活动，最在意的是能否给粉丝群带来自豪感，让粉丝群可以感受到自己信赖的品牌能够提升"格调"。相对于现场的物质奖励，哪个粉丝没有，或是买不起？所以，如果品牌的活动是以物质奖励为主，那么就不要再做了。只有激发起粉丝的虚荣心，这样活动才会受到广泛欢迎。

需要注意的是，不同的群体，所在意的荣誉感并不相同，我们不可能完全套用。例如一款关于家教的手机 APP 线下见面会，主要粉丝都是孩子的父母，他们的荣誉感在于自己的孩子是否得到全面展示、是否优秀；而一场针对于 IT 设计人员的活动，粉丝更在意的是自己的设计能否在现场被分享，是否可以成为全场的焦点。

2. 活动开始前，思路最重要

套用一句周星驰在《少林足球》里的经典台词：活动，不是这样搞的。做活动的目的是什么？强化粉丝的身份认同。无论现场多么热烈，粉丝数量有多少，如果丢失了这个原则，那么活动就是无意义的。

所以，在活动开始之前，品牌最需要做的事情是：如何找到粉丝的痛点，并将这个痛点贯穿于整个活动之中？

举个简单的例子：如果你的粉丝群，主要是孩子的父母，那么最适合你的活动主题，就是"萌宝大赛"；如果品牌是类似于校内网，主打学生领域，那么评选"最美校花""最美校草""最佳学霸""最美室友""最摇滚、最小清新"等主题，并且角度丰富几乎可以让所有粉丝都能参加和评选，这最能给粉丝带来虚荣心，并强化自我认同；如果品牌的粉丝主要是驴友，那么活动思路就会更容易了：旅途摄影分享、一人一个旅途小故事……

总之，办一场活动需要有一个准确的主题，而这个主题又恰恰可以让粉丝们完全投入其中，而不是只做一名观众。

3. 让活动更专业

这里所说的专业，绝不仅仅只是活动现场热烈、粉丝们无尽疯狂这么简单。一场优秀的活动，无论线下还是线上，组织方都需要有专业的精神，从文案写作到操作设计再到技术实现，这都是提升活动"格调"的环节。

坚果手机举办的"漂亮得不像实力派"（如图 4-8 所示）的网友线上活动，无论从文案设计到海报设计，再到海报生成器的发布，无一例外都遵循了"独特、趣味、思想性"的原则，并且一开始就在微博大肆推广，而优秀的设计作品坚果手机官方微博、罗永浩个人微博都会第一时间点评并转发，这大大激发了粉丝的参与度，并让粉丝更进一步认同自己与坚果手机一致的"独特"审美趣味。

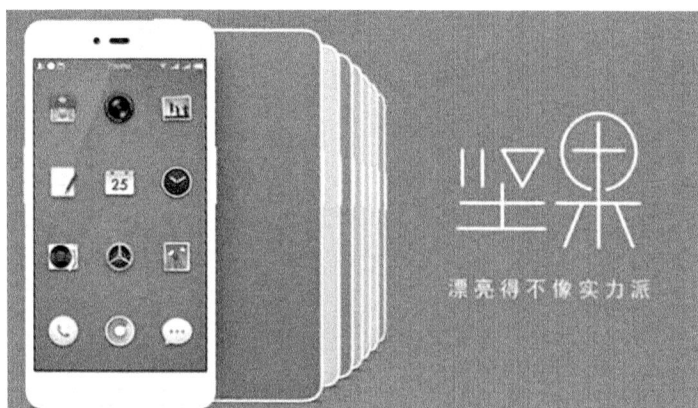

图 4-8　坚果手机的活动海报

- -

　　同样，线下的活动也是如此，能否做好新闻通稿发布、现场微博直播、现场后微信公众回顾、粉丝有话说等环节，这才会让活动的"格调"极度提升。当活动有了最充分的"格调"，同时大大满足了粉丝们的虚荣心，这时候又怎会担心粉丝培养与社群构建不成功？

4.5　线上线下塑造传播闭环，让粉丝以社群为家

通过活动，把粉丝聚起来这是一个层次。而更深的一个层次，则是形成粉丝文化。

文化的形成，永远都不是一个行为、一次活动可以达成的。中华文化经过了几千年的不断磨砺，方形成完整的文化体系；小米文化也是如此，不断的概念先行，从而让小米用户变成米粉，在通过一系列的活动举办，最终将米粉牢牢聚合在一起，小米文化就此诞生。

当一个品牌有了属于自己的粉丝文化，这时候即便遇到怎样的挑战都会化险为夷。因为在品牌的背后有一批"铁粉"毫不退缩，这些"铁粉"的能量，有时候甚至要大于企业危机公关能量、品牌融资金额等。

当粉丝群体之间形成了一种较为固定的文化，这时候粉丝对于品牌已经不仅只是简单的使用习惯和依赖，而是从肉体到精神有了双认同。最为典型的当属苹果。全世界几乎再也没有比果粉还要忠心不二的粉丝了，可以说果粉几乎将苹果的产品、理念应用至生活的任何一个细节，甚至产生了一个近乎于宗教的名词——苹果教。

与苹果相比，"罗辑思维"、小米等品牌，虽然还未达到这一高度，但已经有了这方面的趋势。那么我们自己的品牌，又该如何实现肉体与精神的双认同呢？唯一的方法就是：打通线上线下，塑造传播闭环。

1. 线上：引流渠道，让粉丝获取精神满足

线上最重要的作用，是在于控制入口与流量。在过去，电视和报纸控制了所有流量，但随着互联网时代的到来，尤其是移动互联网的冲击，网站、论坛、QQ 群、微博、微信，人们获取信息的途径已经大大增加，并且不再只是单一接收，所以，如何在互联网（线上）抢占先机成了焦点问题。我们可以利用多个流量入口，用话题、活动多方位吸引粉丝注意力，并引导粉丝积极参与，从而使其获得精神满足，如图 4-9 所示。

36 氪依靠独立 APP，小米依靠论坛和微博，"罗辑思维"依靠微信，都在线上获得了极大的用户关注，并且收获了众多忠心耿耿的粉丝群体。尤其是小米等品牌，依托着源源不断的线上活动，给粉丝们带来了极大的精神满足。而各家品牌都有各自不同的手段，前文中我们也做出了不少解读，在此不再赘述。总而言之，大

图 4-9 线上要利用引流渠道使粉丝获得精神满足

力拓展线上模式，这是互联网时代给我们的第一要求，这不仅是因为它的传播速度决定的，更是由用户的生活习惯决定的。

2. 线下：实体占领，让粉丝获取肉体满足

对于小米、苹果这类品牌而言，因为具有实体产品，所以线下同样对粉丝群有着重要的意义。店铺是否方便、环境是否高端、服务是否超前，这些小细节都会直接影响着粉丝们的热情。所以，尽管不少品牌在线上搞得如火如荼，但线下依旧需要进行"高格调"的服务。

而对于"罗辑思维"、36 氪等品牌，尽管他们并没有实际的实体产品，但

是线下却依然是不可忽视的战场。例如粉丝见面会、QQ 群大集结等，这同样考核着品牌的质量。

如果说线上更注重粉丝们交流、分享、互动等精神领域的诉求，那么线下领域，则关乎着粉丝对于物质追求的满意程度与否。一款让人用得舒服的手机、一台可以真正全智能操作的空调，甚至一碗让人念念不忘的米线，都会让粉丝的肉体感到真正满足。

3. 实现线上线下的传播闭环

线上与线下，是品牌发展的两条腿；而如果让这两条对可以按照统一的节奏迈出，这才真正能够实现粉丝精神领域与肉体领域双满足的需求。很多品牌在线上极尽吹捧之势，但用户的实际体验却非常差，结果导致用户迅速流失。这其中，模仿小米而诞生的一系列山寨手机就是代表。

该如何避免线上与线下之间的差异，让粉丝真正信赖品牌呢？必须塑造传播闭环，让线上与线下统一，如图 4-10 所示，为线上线下统一的几种形式。

1. 线上不能脱离线下

线上与线下，并不是完全割裂的两部分，必须做到相互结合，尤其是对于产品或服务本身。线上的活动如何精彩，终归到底需要用户在线下体验，所以线上的宣传是否精准、活动在线下是否真的能执行，这都直接影响着用户对于品牌的印象。如果客户觉得在线下体验时感到言过其实，线上的所有活动、推广都太过夸大其词，那么他们为什么还要

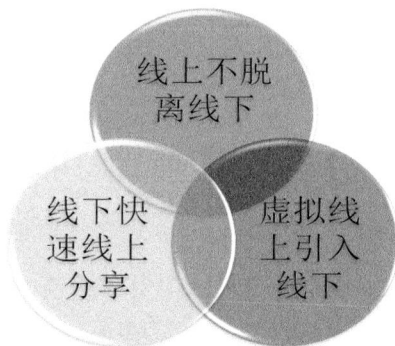

图 4-10　塑造传播闭环，让线上
与线下统一

再次登录我们的线上网站，还要再继续参加活动呢？

同样，如果我们在线上的活动非常丰富，但在现实生活中却丝毫没有体现，甚至专卖店导购员的回答也模棱两可，那么用户为什么要对线上活动非常期待？

所以，线上不能脱离线下，单纯的互联网营销手段必须配合完整的线下产品和服务，不做一锤子买卖，这样粉丝才能更加忠诚，而普通用户也会升级为粉丝。

2. 让粉丝在线下快速线上分享

魅族手机有一个功能：如果你第一次使用魅族登录微博，那么就会自动关注魅族相关的微博账号。之所以要这样做，就是为了便于用户一旦有话题想与魅族科技进行分享时，就可以很轻松地实现链接。这样一来，用户既可以第一时间看到魅族的相关信息，又可以非常便捷地与魅族和魅族的其他用户进行沟通，这种从线下辐射到线上的服务，让魅族的用户可以形成线上、线下的一体思维。

给粉丝们一个快速线上分享的渠道，就是为了让整个传播形成闭环，无论在哪里都可以引以为豪地说出热爱的品牌。所以在线下多给一些粉丝互动的渠道，例如微信平台智能回复、线下二维码扫描一键参与活动等，都是提升目的的手段。

3. 把虚拟的线上引入线下

可口可乐有一个非常成功的活动：将网络上的 ID 昵称直接印制在可口可乐瓶子上，把可口可乐把瓶作为一种新媒体，直接将年轻人最热衷的互联网文化移植到线下，并命名为"快乐昵称瓶"，如图 4-11 所示。可口可乐在互联网上开启悬念预热营销，最后在五月天乐队的演唱会上正式宣布活动的开始，最终粉丝通过各种活动，收到印有自己 ID 昵称的可乐瓶。

图 4-11　可口可乐的"快乐昵称瓶"

这个活动是 2013 年中国最优秀的营销活动之一，可口可乐反其道而行之，让虚拟变成现实，结果线上、线下都受到了极大的欢迎，形成传播闭环。当线上的话题活动，在线下得以完全实现，甚至让粉丝有一种"现实就是虚拟，虚拟就是现实"的错觉，无论面对计算机、手持手机，还是拿着一罐汽水之时，都会感到热衷的品牌无处不在，这时候粉丝效应就会真正形成。例如，在微博上传自己的卡通图片，通过活动抽奖可以得到实体卡通 T 恤的活动，就可以让粉丝感受到品牌从线上到线下无处不在的魅力，这时候他又怎会不主动传播品牌的理念呢？

4.6 培养"斗士"，让社群自发成长

品牌，是属于品牌所有者的。不过在社群粉丝经济时代，品牌所有者表面上看的确完全控制着品牌的一切，但不要忘记：如果没有粉丝群体的追捧，品牌就很容易陷入"一文不值"的境地。

2014 年 9 月，魅族手机发布新款产品，并宣称比小米手机便宜数百元，言语之中透出了对小米的敌意。而就在小米准备应对方案时，大批小米的铁粉已经开始行动，与魅族在微博、论坛、贴吧开始了唇舌之战。尽管这次"华山论剑"魅族取得了一定的效果，但小米粉丝用自己的力量，又一次展现出了小米的社群粉丝建设完整度，大批忠心不二的小米粉丝不用品牌号召，就投入了此次"战斗"。

真正维护品牌的人，是"粉丝斗士"。而只有拥有了一批这样的斗士，社群才能自发增长。所以，很多品牌总是羡慕小米，只关注"饥饿营销""高配置低价格"，却没有意识到小米能够成为国产手机第一品牌的原因，是因为这批心甘情愿为小米"抛头颅洒热血"的斗士。

有人曾经怀疑，小米的"斗士"是否就是传说中的水军，依靠品牌花钱雇佣？发动一次"粉丝战争"，这的确对于很多品牌而言不是难题；但是，如果每次都有大批粉丝站在品牌之前，积极维护品牌形象，那么这就不是水军可以做得到的。并且，2015 年 7 月调研公司 IHSTechnology 公布了中国智能手机市场第二季度出货量数据，小米以 18% 的市场份额再次稳居国内第一，这已经是小

米连续第五个季度领跑中国手机市场。这样的数据已经证明：小米已经可以完全依赖粉丝的力量去进行一场"战斗"。

电影《斯巴达三百勇士》中有这样一个情节：斯巴达振臂高呼，决心与波斯国决一死战，在他的号召下，其他勇士们一扫沮丧的情绪，最终谱写了一曲让人震撼的史诗之歌，这就是斗士的力量。对于品牌而言，有了一批"斗士"，会带来怎样的效果？

1. 感染其他用户

品牌"斗士"在与他人进行争论之时，往往会摆出一系列**不容置疑的观点**，并且其中**有数据**、**有分析**，可谓头头是道，倘若文笔、口才过硬，还会赢得众多掌声。而这种掷地有声的声音，自然会被品牌的其他用户所吸收，并被他这种**坚定的态度**感染，因此更愿意站在他的一边，维护品牌的形象，如图4-12所示。

2. 为粉丝群注入凝聚力

品牌"斗士"主要发出声音的场所，就是粉丝们的聚集地：贴吧、微博、微信群、QQ群、论坛等。而这里又聚集着更多的一般粉丝和普通用户，但他们感受到"斗士"身上的热情，并对他的观点提出赞同，这时候就自然产生同样的价值观，从而让粉丝群凝聚力大大提升。不要小看"斗士"的专业知识和精神力量，因为他们也是品牌的用户，

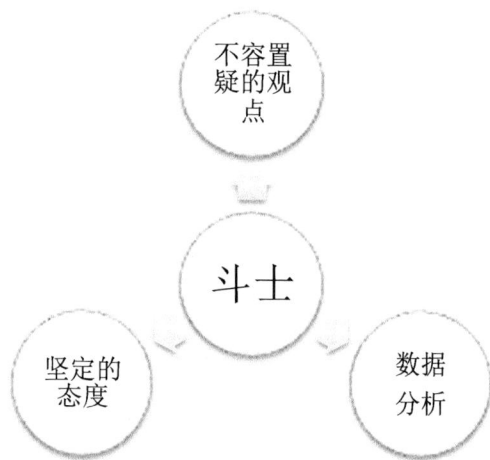

图 4-12　品牌"斗士"能够感染其他用户

所以传达出的观点，有时候甚至比品牌官方渠道发出的解释要更有信服力。

当品牌培养出了自己的"斗士"，那么，社群就会自发成长。这种成长比品牌喊口号、短期刺激要更有效果，因为粉丝们维护品牌形象的决心，是从内心自主发出的。那么，我们又该如何经营自己的社群，并逐渐培养出"斗士"？如图 4-13 所示，是培养"斗士"的四个策略。

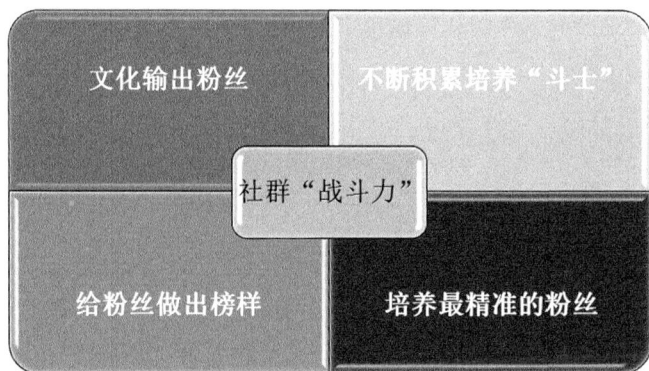

图 4-13　培养"斗士"的四个策略

1. 文化输出粉丝

不少中小品牌在建立社群之时，会在短期内吸纳众多的粉丝，甚至收到了不少会员费，但是过不了半年粉丝群就变得逐渐冷清，始终无法建立真正的社群。为什么会这样？因为不少品牌往往只看数量，在一开始采用"发红包"的方式吸引用户，而用户之所以成为"短暂粉丝"，并不是因为品牌过硬，只是为了"占便宜"罢了。试想我们有 500 人的社群粉丝，但每个人的目的都是为了索取到利益，那么如果有一天无法提供利益之时，粉丝岂不是鸟兽作散？

所以从开始建设社群的一开始，我们就要想好如何运营，努力将品牌自身的文化价值输出，即便人数不多，但这些人才是真正值得维护和培养的。

2. 不断积累培养"斗士"

社群的建设不在于速度，而是积累。"吹泡泡"迟早会扎，只有用"滚雪球"的态度才能培养出"斗士"。所以，社群建设的第一批元老最为关键，他们是保持粉丝团血性的核心。在建设社群之初，品牌就应该让他们高度认可粉丝文化，例如举办线下见面活动、实体免费测试活动、写真实评测获试用活动机会，这些都是将品牌文化植入粉丝体内的方法。一开始，也许这些活动需要品牌产生不少额外支出，但是要记得：如果你都没有拿出真心实意来对待用户，又怎么奢求用户将来愿意为你去战斗？

甚至，在社群建设之初的第一批元老，还应当设定一定门槛：收入达到多少、品牌了解达到多少、品牌贡献达到多少、知识储备达到多少。先将这批精英分子笼络在一起并互相成为朋友，他们所散发出的品牌魅力才能扩散。而一旦社群有了这样的核心，他们就会快速成长，就像滚雪球一样！

3. 给粉丝做出榜样

我们经常听到"号召粉丝"，却很少听过"命令粉丝"。为什么？因为粉丝是需要"鼓动"的，而不是指手画脚的。小米的微博除了活动之外，经常还会开展诸如硬件知识讨论等话题，无形中就会告诉粉丝：学会用小米，更要学会思考。所以，当遇到其他品牌粉丝攻击之时，小米的"斗士"们就会第一时间调动思维，展开论战。

相反，如果品牌对于粉丝的暗示是消极的，甚至是不道德的，那么一旦遇到危机，粉丝自然不会挺身而出。甚至，当用户感到使用这个品牌有些羞耻时，就更不可能挺身而出了。

4. 培养最精准的粉丝

依旧以小米为例。在小米手机初期，"为发烧而生"是小米的品牌理念。

而这个概念的提出，事实上已经将很多人挡在了门外，不是所有人都热衷于"发烧"的。但是，只有精准的理念，才能培养出最核心的那一批粉丝。MIUI 系统一开始的用户仅仅只有一百人，但是这一百人却完全理解了"为发烧而生"的精神，并通过口碑传播，不断强化品牌的这一理念。

试想，如果小米没有这样的精准，一开始就鼓励一般的小白用户大量涌入，那么早期用户的纯粹性如何保存？

品牌的"斗士"，就是品牌的种子。所以必须保护好种子，让他们可以茁壮成长，品牌的粉丝基础才能牢固。

4.7 创造新奇，向社群始终注入"活水"

"寻找存在感"，这是互联网时代网友的一种特有心理。努力在某个群体里显示出自己，即便不是真人照片，哪怕只是只言片语，但只要可以得到成百上千的"赞"，这位网友就可以快乐上一整天。

品牌想要维护社群，就必须了解粉丝们的这个心理。就像曾经有一段时间百度魔图在微信朋友圈无比风靡，正是因为让网友找到了"存在感"：我和×××明星长得很像，不信大家都来看看！

无论在互联网上昙花一现的品牌，还是历久弥新的老品牌，他们都会有这样的举动：举办让粉丝可以找到"存在感"的活动，并让粉丝们以此来讨论、分享和炫耀。而这两种品牌的区别只在于：前者一次活动结束之后，就再也没有动静，结果粉丝逐渐流失，生机勃勃的池塘沦为一潭死水；而后者则不断创造新奇，始终让社群处于兴奋的状态之中，让水不断活起来。

社群粉丝时代，**用户的参与热情**才是最珍贵、最有价值的。只有不断的**新奇内容**，才能让粉丝们找到**彼此的共同点**，最终形成**完整的粉丝文化**，如图4-14所示。就连新浪微博这个为各个企业、粉丝提供平台的品牌，也要不断开发各类新奇活动，例如"大V抽奖""带着微博去旅行"等，就是为了刺激用户频繁登录，避免被其他社交平台将粉丝俘获。

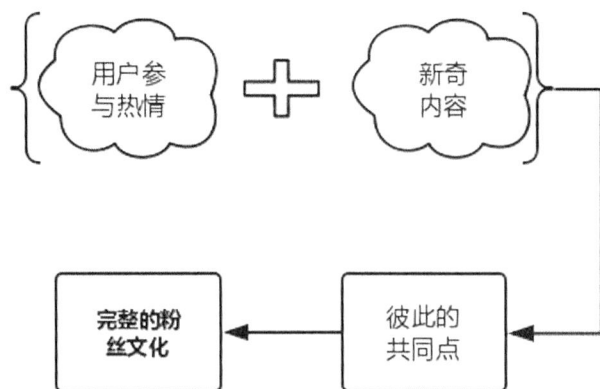

图 4-14 要创造新奇，塑造粉丝文化

- -

一招鲜吃遍天的模式，在社群粉丝时代是行不通的。无论怎样优秀的活动，都会在时间的流逝中，让粉丝们渐渐丧失了新鲜感和快感；更何况活动是很容易复制的。当其他品牌将这个模式完全复制并进一步拓展之时，我们还能继续吸引到粉丝吗?

品牌的每一代产品，都必须比上一代有创新之处，即便将社群模式玩到顶峰的苹果也不可例外。对于社群内的粉丝，活动更加不能停止，并且需要越新越奇，才能不断向社群注入"活水"。

1. 围绕"三核心"，不断创新微博话题

尽管不少媒体鼓吹"微博式微"的观点，但毫无疑问的是，微博依旧是刺激粉丝的核心战场。而在微博上，我们要依据"市场变化，季节变化，受众群变化"的原则，如图 4-15 所示，不断去开发话题，引导粉丝参与。

①**市场变化原则**。品牌以数码 3C 为主，那么当推出了一款全新手机之时，我们不妨发布 # 全面解析 ×× 手机 # 的话题，让粉丝们可以第一时间了解到这款手机的各个特点，并引导讨论；而当这款手机已经正式面试并批量出售之时，

话题应当适时发展为＃看看达人如何玩转××手机＃。把握市场动态，不断进行调整话题制定，这样才能吸引用户的讨论。

②**季节变化原则。**而如果品牌是餐饮类，那么"季节变化"就成为了话题制定的关键。例如，＃春季如何吃避免干燥＃，＃夏季如何吃远离酷暑＃等，适当结合本品牌旗下的餐饮服务，这样就会给用户带来最直接的心灵温暖，从而让粉丝一年四季都可以针对品牌进行话题延伸和讨论。

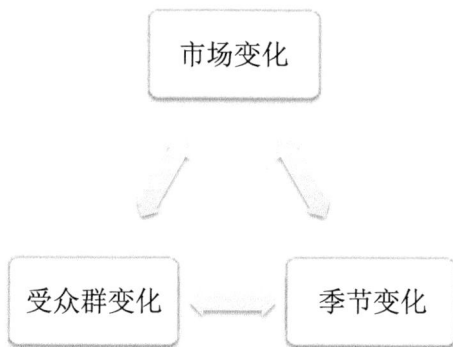

图 4-15　创造微博话题的三个原则

③**受众群变化原则。**当品牌的主要粉丝群体为学生时，这时候"受众群变化"就应该成为传播重点。随着第一批粉丝离开校园，这时候，我们能否发起"现在与过去 PK 图"的活动，让用户对比曾经与现在，从而发出对青春的感慨，并给予相应物质回馈，让已经不是受众群的用户，继续成为我们的受众群？

围绕着这三个原则，在微博上我们就可以展开非常丰富的话题讨论项目。

2. 别害怕"吐槽"

吐槽，是互联网的特有文化。当网友们对品牌的某一个细节口诛笔伐，这就是所谓的"吐槽"。其实，只要运用得当，吐槽也可以给社群注入"活水"。就像在论坛上，当很多用户针对某一个功能或设计集中**表示不满**之时，我们不妨**积极引导**，对第一个提出这个问题的人**给予奖励**，以此鼓励粉丝们敢于指出问题的态度；而对于那些通过自身能力解决问题而吐槽的粉丝，就更应该重奖奖励，甚至免费提供一款产品，如图 4-16 所示。

这样做的目的，就是为了让品牌的形象正面化，不会因为粉丝们的一点点不满就遮遮掩掩，坦然的态度反而还会更让粉丝信赖，并更深一步进行讨论。"吐槽也是一种参与"，借助吐槽让粉丝获益，进行利益和精神激励，这同样是创造新奇的手段之一。

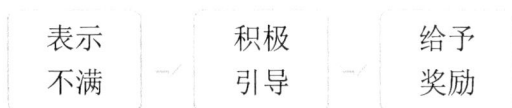

```
┌────┐    ┌────┐    ┌────┐
│表示│    │积极│    │给予│
│不满│ →  │引导│ →  │奖励│
└────┘    └────┘    └────┘
```

图 4-16　粉丝"吐槽"时要正确处理

3. 保持神秘度

京东 818 购物节、淘宝双 11 光棍节、小米 4 月 6 日米粉节……为什么每一年到这些品牌专属节日之时，所有互联网话题都被他们垄断？一方面，是因为这样的节日足够规模；但更重要的是：这些品牌会尽最大可能提升"神秘气质"，在当天才会揭开真正的面纱，即便最最铁杆的粉丝，也不可能提前获知信息。

哪些品牌会打折扣？折扣最低可以到多少？有怎样的新功能会推出？之前的预测是否准确？不断渲染的神秘气氛，不仅给当天带来了足够的爆点，更让各种话题从专属节日前一个月到结束后一个月都不停止。这种气氛，自然会给社群带来足够多、足够深度的话题讨论。

4. 区别其他品牌，做自己的专属活动

创造新奇的内容，就不能只是循规蹈矩，一味依靠平台的活动或借鉴别人的活动。做自己的专属活动并不复杂，也不一定必须如小米一般举办大型粉丝节，只要稍微动点心思就可以变化无穷。

南京有一家咖啡店，就曾举办过这样的一个活动：用户在店内购买咖啡，上传图片并 @ 该咖啡店官方账号，下次凭借本条微博，即可享受咖啡五折优惠。在当时，绝大多数咖啡馆还没有类似活动，所以很快就受到了咖啡爱好者的欢迎。

诸如服装品牌鼓励用户上传衣着照，享受返现活动；电子阅读品牌鼓励用户图书分享，享受电子代金券免费领活动，这都可以在自己的社群里举办。当品牌可以创造出越来越多的新奇活动之时，整个社群粉丝也就被盘活起来了。

Part 5

把粉丝当用户，
保持服务心态

很多企业或个人，在获得巨量粉丝后，总会得意忘形，以高高在上的姿态面对粉丝。但别忘了，正是粉丝的支持才让你拥有了高曝光度和高支持率，失去了粉丝，你就失去了用户基础和营销通道。请善待你的粉丝，尽心服务好他们！

5.1　社群领袖是强化版的粉丝

火车跑得快，全凭车头带。在社群之中，榜样的力量是无可估量的，尤其是那些处于金字塔顶尖的社群领袖。用这样词来定义社群领袖，没有人觉得会夸张：引导性、魅力性、煽动性。没有领袖的品牌，即使粉丝众多，但始终缺少一种核心的凝聚力；而一旦培养出社群领袖，那么粉丝就会找到信仰认同的投射，渴望借助社群领袖的影响力，将自己的内心同样传递出去。

看看罗永浩、罗振宇，这两个最出名的"罗胖子"，正是"高端"的社群领袖代表。锤子手机、"罗辑思维"能够成为互联网火热话题，这两位顶级的社群领袖立下了汗马功劳。

不过，中国人似乎都有这样一种思维：擅长造神、热衷造神。这种思维导致的最终结果就是：社群领袖成为了"神"，原本可以和所有粉丝打成一片的领袖，渐渐有了一种"君主"的姿态，变得有些"面目可憎"。这一点不仅在罗永浩等人身上出现过，甚至也在一些中层社群领袖的身上渐渐浮现出来。

2013年7月，被誉为百度贴吧第一大吧、素有"百度卢浮宫"美誉的李毅吧，突然爆发大规模吧友集体讨伐吧主"彩色哥"的事件，结果此事甚至惊动了足球运动员李毅和百度贴吧运营方。最终，"彩色哥"黯然卸任，而多数吧友对他的声讨原因正在于：善用权利为己谋私、删除对自己不利的帖子等。

社群领袖遭到讨伐，不是李毅吧的专利。一向以口无遮拦、敢想敢说著称的罗永浩，也在2014年年底将自己的微博账号密码交给了公关部，因为他的一系列言论已经引起了网友的反感，甚至是原本属于锤子手机的铁杆粉丝。公关部已经感觉到，如果不对罗永浩做出限制，那么罗永浩的微博甚至会对品牌带来负面作用。

所以，品牌必须有这样的意识：社群领袖是"领袖"，却不是神。如果一味地吹捧领袖，甚至赋予了他太多的权利，凌驾于一切之上，那么就会伤害到其他粉丝的心，这是得不偿失的行为。

从某种程度上来说，**社群领袖也只是强化版的粉丝罢了。**

"彩色哥"之所以能够成为贴吧吧主，首先他是"李毅吧"的一员；罗永浩尽管是锤子手机品牌的创立者、拥有者，但他也是一名用户。

社群领袖并非比粉丝更特殊，这是品牌在培养社群领袖时必须建立的思维，这样才能把粉丝真正当成用户去维护，而不是当成"奴隶"去吆五喝六。

暴君式的社群领袖，通常会有哪些特征呢？如图 5-1 所示。

1. 对粉丝苛刻约束

社群领袖总是习惯于建立规则，有的时候这个规则甚至变得苛刻，严重影响了社群的正常交流，例如"严禁讨论任何与主题无关的话题"。结果，多数初级用户刚刚进入社群时，根本没有话题可以与"老鸟"们互动，导致粉丝流失严重。

2. 用自身威望攻击他人

罗永浩之所以不得不交出微博密码，就是曾经在某段时间内，他几乎每天都要

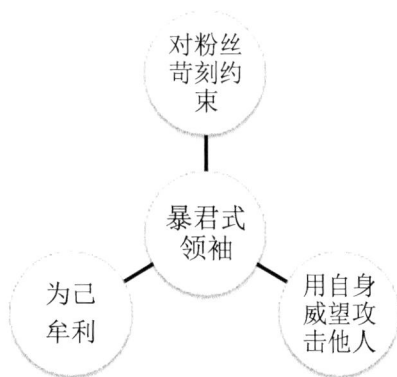

图 5-1　暴君式社群领袖的特征

和用户进行争吵，言语里透出了不屑一顾的态度。尽管罗永浩的粉丝，喜欢的正是他的敢想敢说，但是如果这种"真性情"变成了人身攻击，用威望来打压他人，那么他的领袖气质就会荡然无存。

3. 为己牟利

不可否认社群领袖当然有一定的权利，但是如果将这份权利用于谋私，那么势必会给粉丝带来非常严重的心灵伤害。"彩色哥"曾经发起的主题 T 恤活动，收入利润无一例外不归自己所有。当真相被揭穿之后所有贴吧粉丝口诛笔伐，大大伤害了"李毅吧"的形象。尽管最终"彩色哥"下台，但是这件事对于"李毅吧"的负面冲击，时至今日仍没有消失。

社群领袖真正的作用是什么？是引导粉丝去思考、去战斗，去自我完善社群的发展，"暴君式"的社群领袖，只能将所有粉丝的自我思维完全压制，变成了等级结构森严的"封建社会"。一个社群建立并形成自己的文化，最好是经过所有粉丝们的共同讨论，并在潜移默化中逐渐形成，而不是依靠社群领袖的"独裁主义"。尽管社群领袖有一定权利，例如制定社群规则等，但是不等于他就可以"搞特殊"，凌驾于其他粉丝之上。

剔除社群领袖的"特殊化"，建立更加完整的社群文化，这是服务于用户的关键。那么真正的社群应当是具备怎样的模样？除了优秀的社群领袖之外，还需要哪些用户组成？如图 5-2 所示。

1. 具备思考能力的粉丝

社群里需要这样的一些粉丝：思考者。这类人不一定如社群领袖那样具备极高的影响力，但是却很愿意进行思考，给其他粉丝带来不一样的思路。例如当社群领袖发起了一项活动，那么就应该有粉丝站出来，从不同的角度做出解读，甚至是反对意见。即便社群领袖集中了多少权利——限制发言、踢出群，也应该让这些人发出自己的声音。

为什么要有这样的一类人？因为他们通常具有让人信服的人格魅力，同时思考问题时逻辑缜密，从而刺激更大的粉丝群体碰撞出火花。这样的人可以真正让粉丝们学会思考，而不是永远被社群领袖牵着鼻子走，最终感到了极度不适。

通常来说，一个百人左右的社群，一般需要 2 ~ 3 个活跃的思考者。

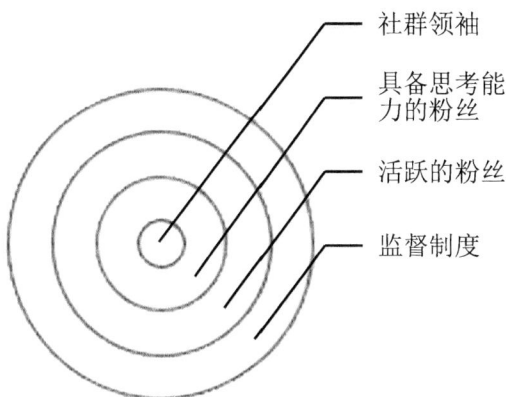

- 社群领袖
- 具备思考能力的粉丝
- 活跃的粉丝
- 监督制度

图 5-2　真正社群的组成要素

2. 活跃的粉丝

除了思考者，社群内还需要一批活跃分子。这类人也许不会如思考者一般看待问题非常深入，但是却是社群充满活力的助燃剂。他们会每天签到、聊天，会分享各类有趣的话题，让社群不至于太过冷清。有时候，他们的一些话题抛出，还会诱发粉丝大规模讨论，以及思考者的深度解读。调侃与活跃，是这些人的拿手本领，会给整个社群注入最新鲜的氧气。

3. 监督制度

尽管从 2015 年开始，"社群"这个概念才大规模被宣传，但事实上建立于 2003 年的百度贴吧，就已经带有了一定"社群"的理念——不同兴趣点组成的不同贴吧小组，以及各个贴吧组织的线上活动、线下交流会等。百度贴吧有一个很好的机制，就是"吧主吧"的建立，如图 5-3 所示。粉丝如果有疑问需要投诉，就可以发帖联系相关吧务，哪怕是觉得吧主本人不够民主、擅自删帖。这样一来，吧主的权利就得到了明显的监督与束缚。

所以，在培养了一名社群领袖时，我们也应该建立相应的监督体制，可以让粉丝针对社群领袖提出意见。贴吧、微信、微博，这些都是很好的沟通平台，可以让粉丝在接受社群领袖影响的同时，也能够更加自由地发出自己的声音。而监督体制的组成，也尽可能以粉丝为主、品牌运营方为辅。

图 5-3　百度贴吧吧主吧

事实上，不同粉丝的组成，就是为了让社群带有一种"民主气质"，降低社群领袖太过集中的权力。粉丝之所以愿意加入我们的社群，首先是因为兴趣使然，然后是感受到了公平，感受到了"被尊重"。如果社群领袖不能理解这一点，始终把自己摆在高高在上的位置上，享有着太多的特权，那么怎么可能借助人格魅力影响、引导粉丝？社群需要"去中心化"，社群领袖同样需要"去特殊化"。

5.2　如何让粉丝高高兴兴地接受社群营销

2013年，奥利奥在100年庆典上，推出了一场全新的活动：Wonderfilled。与过去的传统营销不同的是，奥利奥的这个活动非常充满童真，不仅宣传片将吸血鬼、大白鲨等怪兽"萌化"，更鼓励所有用户脑洞大开："想一下如果你将奥利奥分享给××，会发生什么？"随后，一系列官方、网友自制的视频、海报和话题分享迅速点燃，如图5-4所示，为网友制作的奥利奥童话海报。

图 5-4　奥利奥的社群童话营销

2014 年，这个活动被引入中国，并同样收到了很好的效果。而针对国内的受众群，奥利奥更加提出了亲子概念，鼓励父母去激发孩子们的奇思妙想，让奥利奥成为孩子的灵感源泉。配合形象健康的曹格作为形象推介人，同时还有一系列主题曲翻唱等活动，奥利奥将这个热潮在中国同样也做到了巅峰。

奥利奥的这次营销，正是针对自己的社群粉丝进行的，并被称之为"社群童话营销"。为什么这个活动可以受到非常好的反馈？

1. 粉丝们喜欢看见好玩的

对于传统被动接受式的硬广告，如今的粉丝更喜欢好玩的宣传方式，如果自己能参与进去，那么效果会更好。奥利奥做到了这一点，提供了足够发挥思维的话题——童话王国；还可以让粉丝们尽情参与——无论唱歌、做图片、视频，乃至只是录播一段语音，都可以完全自我发挥。

2. 知道受众群到底是谁

奥利奥的粉丝们只是孩子们吗？当然不。通常，都是父母在超市采购之时，会随手给孩子拿上一包饼干。可以说，孩子是否喜欢奥利奥，父母起到了不可忽略的影响作用。所以，尽管"童话色彩"是孩子们的专属，但在此基础上增加"亲子"的概念，就会连粉丝群的监护人一起"收买"。

所以，当奥利奥的社群营销在全球展开之时，几乎复活了世界上所有国家的小孩子和父母的心，因此销量也呈现快速上升之势。

品牌建立社群的目的，就是为了进行"营销"。而营销的目的，就是为了在短期时间内，快速提升品牌销量和品牌影响力。但是，如果我们的营销手段根本没有刺激到粉丝的痛点，甚至引起了粉丝的反感，那么怎么会取得最终的目的？

Skittles 是美国知名糖果品牌，曾经针对粉丝发起过"在网上与糖果互动对话"的活动，非常受欢迎。但随着参与用户的逐渐增多，一些不良的言论和恶意的内容层出不穷，但品牌却没有做任何过滤。而 Skittles 的粉丝多数都是小孩子，结果这件事引起家长的极大反对，一致抵制 Skittles 这种没有原则、容易给孩子带来不良影响的活动。最终，Skittles 不得不出面道歉，但有一些父母表示：从此以后绝对不会再让孩子们购买 Skittles 的产品了。

同样是以糖果、饼干类零食为主，同样粉丝都是孩子群体为主，结果奥利奥的社群活动受到了一致欢迎，Skittles 却遭到口诛笔伐。由此可见，做社群营销活动容易，但想让营销给粉丝带来真正精神上的满足，这却不是一件轻松的事情。

从奥利奥与 Skittles 的社群营销中，我们可以找出怎样的经验为己所用呢？如图 5-5 所示，优秀的社群营销应该具备四个条件。

图 5-5　优秀的社群营销应具备四个条件

1. 内容过硬

无论品牌的社群营销形式如何复杂，第一原则是内容可以真正打动粉丝的心。而根据营销的不同环节，内容还应当进行相应调整，可以给粉丝带来源源不断的新鲜刺激，让粉丝不至于生厌：

①在**营销的前期**，必须寻找最专业的团队，结合品牌形象和粉丝群的特征，制定最完整的营销方案。**精准策划**，是营销成功与否的基础。只有建立**清晰的思路**，才能提炼出产品与粉丝之间最精准的核心点，从而实现**完美体验**，达到最大的吸引力，如图 5-6 所示。

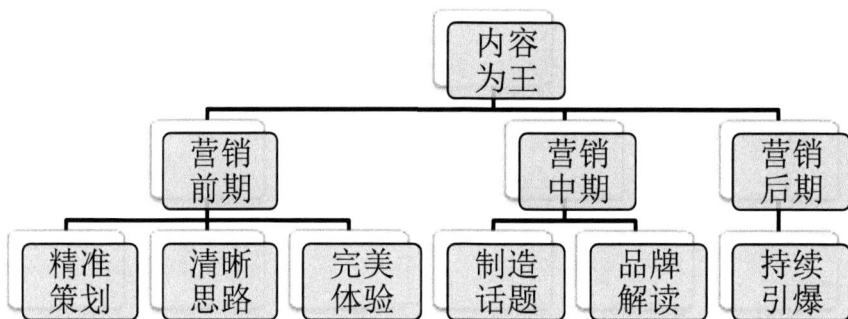

图 5-6　社群营销"内容为王"的三个阶段

在社群营销的初期，体验式营销最有效果。找到最核心的亮点，提前让粉丝群体验，线上品牌不妨放出"抽奖得使用码"，线下品牌不妨建立"体验专区"，这既会给品牌赋予神秘的气质，也能让粉丝可以真正提前感受营销的魅力在哪里。

②**在社群营销的中期**，如图 5-6 所示，活动的受众群应当彻底放开，即便是普通用户也可以完全参与。将其中优秀的作品进行线上分享、给入围的粉丝进行精神或物质奖励、**制造话题**，这是营销中期的关键。

同时，还应该进行全面的**品牌解读**，例如发布全面测评信息，对产品的型号、安全等诸多方面一一评测，而这些信息应当在微博、网站上分阶段不断放出，从而逐渐给粉丝带来安全感和信赖感。同时，粉丝还会感受到品牌"是活的"，充满了生命力，能够不断进行更新，这就会大大刺激社群粉丝的活跃度。

③**在进入营销后期，** 如图 5-6 所示，不断根据粉丝们的情绪进行活动细节调整，这是**持续引爆**的有效手段。社群营销需要紧扣社会热点，而网友们的关注点也会不断变化，并且这种变化是以小时为计的。所以，社群营销不能一成不变，品牌必须投入足够多的"营销高手"，随时根据变化做出调整，这样才能给粉丝带来新鲜、时尚的印象。如果品牌营销没有了个性，那么粉丝也会在一开始的熙熙攘攘之后，迅速陷入沉寂。

2. 话题正面且温暖

真正能够打动人心的营销，一定是充满温馨、带有正能量的。就像奥利奥的活动，就给孩子们带来了与众不同的童话王国，还给父母带来了如何与孩子交流的思考，所以热度才会一直持续下去。

但是，有一些品牌如今却总是喜欢打擦边球：软色情、暴力，甚至不惜用一些让人鄙夷的手段，以此来达到吸引粉丝的目的。的确，这样做一开始也许会收到一定效果，但是用不了多久就会受到更多人的批评，甚至让粉丝流失。

2015 年 4 月，加多宝的系列营销就犯了这样的大忌：没有底线地对革命先烈进行了调侃。恶俗的营销手段引发了各地网友的愤怒，甚至网友还发起了"加多宝欠我们一个道歉"的活动，让品牌站在了舆论的风口浪尖之上。

3. 传递快乐

为什么粉丝会高高兴兴地接受社群营销？是因为他们得到了快乐。让粉丝陷于纠结甚至是痛苦之中，这样的营销不可能给品牌带来任何正面的价值。那么什么才是真正的快乐？对于学生群体而言，价格公道、功能强劲，并且可以让自己能够在同学面前"显摆"，这就是一种快乐；而对孩子而言，可以与那些卡通明星互动，这就是真正的快乐。所以，结合粉丝群的特点，着力给粉丝打造一个"和梦想更近了一步"的策略，才会让粉丝真正快乐地、发自内心地接受社群营销。

4. 及时反馈与调整

Skittles 社群营销的失败，给我们提了一个醒：无论活动如何新颖，前期如何受欢迎，必去随时关注用户的声音，及时进行反馈。其实，Skittles 如果早一点引入过滤机制，那么就不会在后来惹得民意沸腾。

这样的错误其实不仅 Skittles 出现过，大名鼎鼎的雀巢也曾经在回复粉丝的答复时，以激烈、刻薄的态度进行反驳，甚至还对用户进行警告，结果一下子被众多网民表示非常失望。以非常激烈的情绪化面对指责，只能让社群粉丝原本存在的好感顿时消散。

无论粉丝是以怎样的态度和品牌进行交流，品牌必须在第一时间用安抚人心的方式进行反馈，这样才不至于将问题彻底尖锐化和矛盾化。将粉丝推至品牌的对立面，这对品牌百害而无一利。

5.3 如何面对和处理粉丝的不同声音

Skittles 的社群营销活动之所以最后没能取得成功，很大程度上在于品牌对用户的声音反馈过慢，结果导致原本可以取得很好效果的活动，最后在一篇声讨之中黯然落幕。

而通过 Skittles 的案例，我们可以看到：如何面对和处理粉丝的声音，这同样是维护粉丝的关键所在。毕竟，无论我们的社群活动或是日常维护策划得再完整，不可能完全考虑到任何一个个体粉丝的思维。所以，准确、巧妙地处理粉丝的声音，这是对整个社群的完善，更是对每一个粉丝的尊重。

最能做好粉丝信息处理的品牌，当属家用电器和电子产品巨头百思买。对于这样一家规模庞大的公司而言，也许很多人都会觉得他们在处理用户的信息反馈时会非常复杂，效率低下，但事实上百思买很早便开始布局对于粉丝反馈机制的建立，建立了完整的社会化媒体。无论推特还是其他社交媒体，只要有用户做出提问，那么基本上不用一个小时，百思买就会做出相关解答。并且，这不是简单的一条、两条回复，而是每天面对着 17 亿的粉丝用户，并快速做出解答！而这一点，也成为了百思买在社群粉丝时代，最让其他品牌汗颜的能力。

为什么，百思买可以做到，我们却不能做到呢？

1. 第一时间解决诉求

对于国内品牌而言，社群的主战场在微博和微信，而粉丝们提出的各类问题，也主要通过这两个平台。所以，我们必须分析这两个平台的特点，找到解决粉丝诉求的方法。

无论微博还是微信，他们都有这样一个属性：用户可以直接与账号进行沟通。微信的方式，主要是一对一：粉丝在对话窗口输入内容，品牌在后台看到。

而微博的沟通方式则更多，既可以向品牌发送私信，也可以在发布公开微博时 @ 品牌账号。而无论哪一种方式，品牌的微博操作人员都会收到提示音，告诉他有信息传来。

这些方式，是不是和传统的电话反馈机制有些相像？其实粉丝的诉求方式，目前也主要就是由这些组成的。尽管品牌依旧有客服电话等，但对于习惯了"互联网解决一切"的新一代消费者而言，如果可以借助新兴媒体，那么客户电话就不会是首选。

但是无论形式如何被改变，粉丝们都有这样一种心理—— 我需要最快的答复！所以在解决粉丝诉求时，应该坚持这样四个原则：真诚、快速、频繁互动、多渠道，如图 5-7 所示。

粉丝的诉求渠道做出了改变，就意味着我们的效率应当更加提升。微博、微信的意义，不在于仅仅只是进行展示，而是通过平台与粉丝之间产生互动，否则它们就不叫"社交媒体"。试想，如果品牌的微博、微信从来都不解答用户提出的疑问，那么久而久之，粉丝自然会有这样一种印象：这些所谓的新媒体，不过只是品牌的机器人罢了！它们只是冷冰冰的营销机器，而不是有血有肉的人。

那么，该如何借助微信、微博平台建立

图 5-7　面对粉丝诉求的解决原则

快速的反馈机制呢?

首先，品牌应当成立专门的新媒体反馈小组。这个小组最重要的工作，就是捕捉粉丝的相关信息;

其次，每天至少三次登录相关账户。也许我们不可能做到如百思买一样建立庞大的信息处理组，但至少早晨(九点上班时)、中午(下午两点时)、晚上(傍晚下班前)登录一次，这样才能将一天内收集到的粉丝诉求彻底收录。而一旦发现客户有具体咨询、投诉等信息时，也必须快速做出解答。

对于那些一时无法做出准确回复的投诉，我们应当表现出诚恳的态度，并做出相应承诺，然后联系相关主管进行回复。要记得，延后回复最好不要超过48小时，否则粉丝的忍耐性就会大大降低。

每天至少三次登录，这不仅是在有活动开始、信息发布的日子里进行，而是应当常规化。即便节假日没有新的内容发布，相关人员同样需要进行相关信息的收集，从而在节假日结束之时，可以第一时间回复。唯有如此，粉丝内心的疑问才能快速疏通，并且还会对品牌留下很好的印象:这个账号是有血有肉的人!

2. 定时搜索隐藏在背后的声音

相比较微信的私密话，微博更具备公开性和社交性。所以，很多粉丝也会这样做:即便对品牌提出了意见，却没有 @ 品牌账号，只是仅仅用单纯的发泄式语言进行抱怨。面对这样的粉丝声音，单纯地等着粉丝 @ 自己采取处理，这显然不是成熟平台应当做的。如果不找出相应方法进行处理，那么这位粉丝的其他好友就有可能进行转发。当转发量达到一定数量之时，此时再想处理，甚至形成热门话题之时，那么就丧失了处理问题的黄金时间。

那么，该如何解决这个问题呢? 最简单有效的方法就是定时搜索。微博提供了关键词搜索功能，只要输入关键词，然后点击搜索符号，即可找到相应的信息。

微博的搜索栏，就在页面的最上方，如图 5-8 所示：

图 5-8　善于在微博搜索

主动搜索品牌关键词，就是为了更快地获得粉丝对品牌的意见，乃至批评。一般来说，没有直接 @ 品牌的信息，多数只是粉丝的小牢骚、小抱怨罢了，只要能够快速引导，那么就会让粉丝的不满迅速消解。

那么，我们的搜索频率该保证在多少？如果品牌具备相应的微博运营人，那么不妨每一个小时都进行一次搜索；如果人员未配备完整，那么不妨保证一天四次左右。

3. 利用搜索，找到大数据

巧用微博搜索功能，不仅可以解决粉丝的问题，还可以利用搜索出的内容，制作品牌数据库。所以，在搜索的过程中，我们还要注意观察和记录：针对品牌，有多少人针对哪些问题进行了抱怨？针对优点，又有多少人写出了自己的体会？

当这些内容有了较多的积累之时，我们就可以找到粉丝最直接、最核心的问题，从而在未来的发展中进行规避。久而久之，这样的数据库信息越来越多，也就会给品牌建设带来非常直观的帮助。

4. 其他渠道的声音处理

除了微信、微博之外，粉丝们的声音，还会通过贴吧、百度知道、微信群等传播。所以，在重点精力放置于微博和微信之上时，我们也应该经常登录品牌贴吧、搜索百度知道、加入微信群等，关注粉丝们的动向与声音，并且同样需要采取快速解决的模式。可以看出，借助新媒体平台处理粉丝的声音，是一项非常重要且工作量很大的工作，所以建立一支完整的新媒体客服团队，这是品牌服务于粉丝的核心环节。

最后还需要提醒的是：目前不少网络公司都提供微博、微信账户维护的服务，尽管一开始在团队尚未搭建成功时我们不妨借助，但终究还是要依靠自己的力量解决相关问题。粉丝才是品牌发展的源动力，将品牌最宝贵的财富交给其他公司来维护，我们又怎么可能获取真正有价值的信息？

5.4 社群内让粉丝活跃互动的四个策略

2014 年，世界杯在热情洋溢的巴西盛大召开。而对于这样一场体育盛事，各大品牌自然"巧借东风"建设和发展自己的社群文化。而在众多品牌当中，"洽洽瓜子"将社群粉丝的互动做到了极致。

世界杯一开始，洽洽瓜子首先结合那一年非常流行的"板画"，推出了"世界杯板画"的大型活动，如图 5-9 所示。这个活动非常新颖和时尚，因此刚一推出就立刻被粉丝们疯狂转载，甚至还引发了网友的再创造。结果，原本较为低调的洽洽瓜子社群粉丝，一时间成为了世界杯期间最为活跃的粉丝群之一。

图 5-9 洽洽瓜子推出的"世界杯板画"

而为了更加刺激粉丝们的互动，恰恰瓜子还举办了 # 靠巴西赢大洽洽 # 的微博话题活动。这个活动的规则就是：巴西队每赢一场比赛，洽洽就会通过抽奖平台，抽出两名幸运儿，赠送 2 米高超级大瓜子。

此外，# 比分预测 # 的活动，也是粉丝们非常热衷于传播的。恰恰瓜子每天都会发布比赛预测活动，而猜中比分的网友，就有可能赢得恰恰香瓜子。一系列的营销，让粉丝感受到了品牌的真诚，所以互动效果非常好。就在年底，"洽洽瓜子"的世界杯活动，也顺利入选"2014年度十大经典微博营销"。

同样，素有"宅男盛宴"的 ChinaJoy 活动，近年来也越来越成为互联网经典话题，众多粉丝的大量转发，让这个原本有些小众的活动反而牢牢成为了媒体舆论的焦点。为什么在 ChinaJoy 期间，众多粉丝会倾巢出动？因为主办方在社群中针对 Cosplay 的模特们展开了一系列话题制订，结果一下子点燃了粉丝们的"爆点"。

透过恰恰瓜子和ChinaJoy的活动,众多社群粉丝专家也在分析其中的奥妙。那么，我们能否从这个经典案例中，找到促进社群粉丝互动的策略？

1. 尽可能给粉丝发表意见的权利

想让粉丝之间产生积极的互动，举办各种线下、线上的活动必不可少。小米的米粉节和同城聚会等，就是为了起到这样的目的。但仅仅参与是不够的，让粉丝拥有一定的活动建议权利，这会更加促进粉丝之间的互动。

在活动主题确定之后，能否发布相关主题讨论页面，让粉丝进行讨论，然后将活动主题进一步完善？

是否可以让粉丝们经过讨论，确定活动的一些细节内容？

社群粉丝经济时代，粉丝已经不是单纯的接收方，而是品牌的重要组成部分。所以无论在某段时期内有多密集的活动，都要尽可能开通"粉丝意见通道"，甚至举办选拔活动，邀请粉丝可以直接加入活动策划和执行之中。这样，粉丝之间的互动得到了明显提升，而这个选拔活动也成为了品牌宣传的重要途径。

2. 给社群引入"美女文化"

一个充满活跃度的社群，总是少不了"美女文化"，特别是网红经济的走红，让美女文化更加重要。无论 YY 语音直播、网页游戏宣传等，我们最常见的就是一个个吸引眼球的美女。美女的出现，不仅会刺激男性粉丝的互动性，还会吸引其他的女性粉丝互动——尽管女性之间多有嫉妒之心，但是对于美的欣赏，是不会有人拒绝的。

所以，在社群之中，品牌就应该培养出一批"女神"，她们可以颜值极高，也可以是文化达人，甚至举办社群内的"女神大赛"，这样就会大大提升社群内的话题性。

高端社交软件 K 友汇曾经联合美拍等品牌，策划了一场"K 女神求爱记"的活动，鼓励女性粉丝上传自己的卖萌照片，让这些粉丝的形象更广为人知，结果收到了很好的效果，甚至有的女性粉丝还成为了一些品牌的形象代言人。而这场活动也在 K 友汇的粉丝之间成为了热门话题，微博、微信疯狂转发。

"美女文化"策略其实一点都不低俗，因为在这个互联网的时代，越来越多的人都有展示自我的欲望。让粉丝展示出自我风采。当然，"美女文化"的前提是"健康"，从积极的角度打造社群"女神"，才能真正给社群带来积极的互动。例如以白领为主的社群，推出的女神应当是具备"律政俏佳人"的气质：独立、干练的基础上，透出一丝性感；学生为主社社群，女神自然应该具备青春、靓丽、学霸的特点。无底线的"美女文化"，也许一时间会大大促进粉丝之间的互动，但是久而久之就会引起粉丝的抵触，给品牌留下"低俗"的印象。

3. 话题带有"情绪化"

从恰恰瓜子的活动可以看出，如果策略没有情绪化，那么就不能刺激到粉丝的"痛点"。板画带给粉丝们的娱乐心理，猜比分获洽洽瓜子给粉丝们带来的喜悦心理，都很好地让粉丝们真正体会到了世界杯给自己带来的疯狂。与之相反的是，如果活动策略仅仅只是让粉丝回顾当天比赛，却没有任何情绪的引导，那么就不能取得很好的效果，这一点在很多世界杯期间同样"借东风"的品牌身上有着明显的体现。

什么样的情绪最容易引发粉丝的互动？无非喜悦、同情、愤怒、惊讶、娱乐等，如图 5-10 所示。想想看小米、魅族、"罗辑思维"，哪些内容最容易引起粉丝们的大讨论？无外乎是中奖信息（喜悦）、社

喜悦　同情　愤怒　惊讶　娱乐

图 5-10　社群话题要带上"情绪化"

会热度思考（同情）、与其他品牌进行"战斗"：（愤怒）、对某种功能或话题的深度解析（惊讶）、借助社会热点吐槽或再创造（娱乐）等。所以，把握好这几个细节，那么就会给社群粉丝带来情绪化引导，最终促进粉丝之间的互动。

4. 给那些较为平静的粉丝制造惊喜

社群之中，总有一些不是那么活跃的粉丝，话题、活动等都很难刺激到他们冷静的心。但是这些粉丝，又是社群的重要组成部分，并且具备很大的潜力，所以就必须针对他们做一些行动。而制造惊喜，是最好的方法之一。通过邮件送他们 t-shirt 或者贴纸，或者通过电子邮件送一个月的免费服务，这样他们就会感到品牌没有忽视自己，从而产生快乐与积极的情绪。当他们将这些惊喜分享给其他粉丝之时，无形之中互动的欲望就大为提升。

这四个策略，是品牌在经营社群时需要不断穿插的，单纯依靠某种显然不能将粉丝的互动彻底点燃。所以这就是为什么如今社群粉丝经济玩得转的品牌，会在不同的战场——微博、微信、贴吧等，开展着一轮又一轮的活动和话题引导。只有让粉丝真地活起来，愿意主动互动，那么粉丝才会感受到品牌的活力，感受到品牌的服务。

5.5 在社群内打造粉丝口碑的五个步骤

2015 年，《中国移动互联网用户统计》报告显示，微信、QQ、微博成为活跃度最高的三个社交类软件。20% 的智能手机用户，每天手机解锁次数达到 100 次，24% 的人表示：如果没有携带手机，会表现出惊慌的情绪。更有 33% 的用户表示，每天起床后的第一件事情就是——打开微信或微博。

由此可见，对于社交的依赖，现代人已经到了怎样一种态势。所以，社群思维也越来越多地被提及。而建设社群的目的，就是为品牌带来大量积极的、活跃的粉丝群体，从而实现另一个深层次的目的——让品牌的口碑提升。社群粉丝经济时代，口碑营销所占的比例已经越来越重，远远超过了曾经的电视、电台、平面硬广告营销。

想想看，终日沉浸于互联网的我们，是怎样知道苹果、小米、"罗辑思维"的？靠的就是身边朋友的口口相传，以及在微博、QQ 空间、微信朋友圈等的不断刷屏，还有各大品牌的不同活动推广。而那些依旧抱着传统思维生存的品牌，渐渐远离了我们的视野，所以乐视 TV、京东 818 这些新兴品牌和平台，反而一跃成为了我们购买的第一选择。

在我们近两年购买的产品之中，有多少是因为口碑的缘故，从而做出了选择？社群粉丝时代，我们对产品的购买与否，产生了这样的变化：从朋友或看到的评论中得到**推荐信息**，然后通过相关**搜索**（社区、论坛）进行**确认**，最终**下定决心**。当购买后有了很好的体验时，又会引发下一轮的购买，从而**成为粉丝**。随即，我们会通过**口碑传播**，影响身边的其他人一起购买，如图 5-11 所示。

这就是社群粉丝经济时代的消费流程。看清楚了这样的路径循环之后，品牌最需要做得事情就是：在社群内不断打造、提升口碑，从而让铁杆粉丝更加信赖品牌，让普通用户迷恋上品牌，让陌生用户在被影响之下，不得不选择品牌。口碑成为了影响消费者决策的核心因素，更成为维护粉丝群体的纽带。

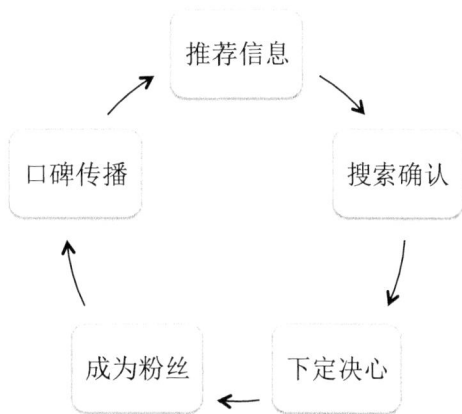

图 5-11　社群粉丝经济时代口碑化的消费流程

以下几个步骤，是在社群内打造口碑的关键环节：

1. 找到品牌与粉丝之间的共鸣

在产品更新换代日新月异的今天，品牌想要给社群粉丝们带来良好的口碑，除了本身品质之外，就是文化的植入。现在还有谁会使用一款手机超过两年？如果想要让粉丝继续留在自己的社群之中，就必须让粉丝找到与品牌之间的共鸣。

①**了解粉丝的生活**。知道粉丝们的内心究竟是怎样活动的，除了品牌之外，他们还有哪些共同的经验？找到了这些，还要学习他们的语言方式，例如 80 后为主的社群粉丝，绝大多数都对香港电影有着共同的回忆，所以较为电影化的语言是他们热衷的。

②**分享感受**。有一些品牌的社群管理员总是喜欢隐藏自我感受，这很容易和粉丝拉开距离。为什么让你兴奋的事情，不可以与社群网友们一起分享呢？

就像罗永浩、雷军（如图 5-12 所示），经常会在微博里直抒情怀，这会让粉丝们感染上同样的感受。虽然这样做有时候有一些风险，例如粉丝并不认可品牌的感受，但这是与粉丝建立共鸣的必经之路——有了讨论甚至是争论，彼此才会更加熟知，从而给粉丝留下更深的印象。

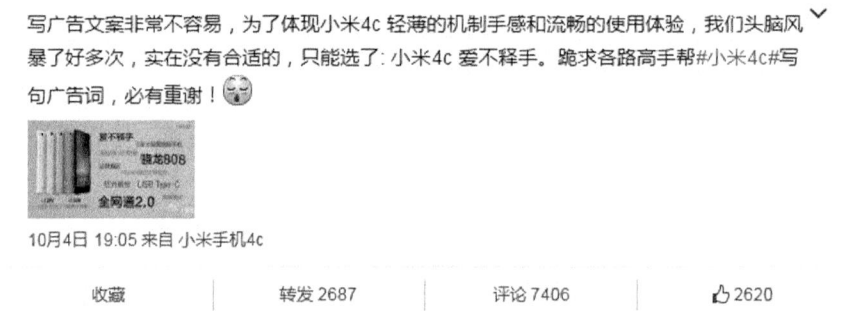

图 5-12　雷军与粉丝进行微博交流

2. 不要因为"唠叨"和"抄袭"降低口碑

移动互联网时代，粉丝们的信息接受都是呈现碎片化的。手机、平版电脑的屏幕尺寸特性，决定了粉丝更喜欢精致、小巧的特色小吃，而不是满汉全席。为什么"罗辑思维"每天推出的语音话题，总是控制在一分钟？除了微信限制外，就是为了不会因为内容打扰到粉丝。如果"罗辑思维"每天发布的语音话题就像一本福尔摩斯探案集一样厚重，那么用不了多久粉丝就会感到困扰，反而觉得"罗辑思维"是一种负担。

在精简的基础之上，更重要的是话题充满原创性，尤其是每天向粉丝推送的相关微信信息。如果粉丝看到品牌所发布的内容自己早已看过，那么时间一长社群内就会产生这样的疑惑：我们为什么要关注这个品牌，为什么要成为它的粉丝呢？

原创看似很难，其实并不复杂。**不是每一次的推送，都必须极具深度，这样反而会给粉丝造成精神上的压力**；而是应当以原创的独到观点、构想和资讯为主（让粉丝们掌握知识），深度内容推送为辅（让粉丝们可以思考），这样口碑才会得到稳固与提升。

3. 尽可能凸显粉丝的自我价值

"罗辑思维"的语音推送、小米微博、微信的粉丝活动，尽管都是社群的重要内容，但它们主要都是由品牌发起，不能完全有效地凸显粉丝的自我价值。

事实上，真正做好了社群互动的品牌，就是百度贴吧。"10亿注册用户，近820万个主题吧，且已经达到日均话题总量过亿，日均浏览量超过27亿次，月活跃用户数近3亿的量级"，这样的数字是任何品牌都渴望企及的。之所以有这样的成绩，恰恰是因为百度这个社群搭建者反而没有去做太多的工作，无论贴吧管理还是活动发起，几乎都是由各个贴吧的粉丝们自主进行的，百度公司隐藏在了背后。与贴吧相似的，还有豆瓣网（针对文艺青年）、知乎（针对探索青年）等，而这些品牌在粉丝的心中，显然有着绝对重量级的口碑。

所以，在品牌自身进行口碑推广和维护的同时，我们也要给予粉丝们一个完全自由的平台，让他们可以真正凸显自我价值。

4. 故事比"王婆卖瓜"更有口碑

品牌通过怎样的渠道与粉丝进行交流互动？当然是微信、微博、论坛、博客等。通过这些平台，社群粉丝们会进行阅读和思考，而如果总是品牌在"自吹自擂、王婆卖瓜"，时间长了不免会让粉丝产生疲劳感。因为，他们的参与度有限，即便有再多福利，也和自己并没有最直接的关系。

想要提升口碑就必须学会"讲故事"，尤其是有关社群成员的故事。故事最能让人投入和认同，也会在粉丝群里形成话题，因为故事的主人公就在身边，甚至就是自己。通过"讲故事"提升粉丝的归属感，会让品牌的口碑进一步放大。

5. 建立服务粉丝而不是"要求"粉丝的思维

无论大型电商还是区域性品牌，想要发展社群粉丝经济，就必须搭建社群平台。而在建立平台之后，必须有这样的思维：平台的目的是服务粉丝，而不是"要求粉丝"。社群就是一个社会，每一个粉丝都有自己的诉求欲望，而不是被品牌指手画脚。所以，品牌运营方应该多与粉丝们进行交流，除了解答品牌问题外，不妨帮助粉丝解决情感问题、家庭问题等，甚至允许粉丝在平台上为自己做推广。品牌可以帮助粉丝解决问题，那么粉丝也愿意主动为品牌进行口碑推广。

Part **6**

离粉丝和社群越远，
市场离你越远

移动互联网下的市场，呈现出一个明显的特征：有粉丝的地方才有机遇。不论多么厉害的企业，如果没有任何粉丝的支持，市场就会逐渐远离。拉近与粉丝的距离，接近粉丝，与粉丝打成一片，你的市场机遇自然到来。

6.1　社群粉丝时代，靠近粉丝就是靠近市场

随着互联网技术的发展及运用，学者们终于相信：社群粉丝经济时代正在悄然改变着旧的商业模式，更多创业者开始学习如何玩转社群营销，很显然，社会化媒体时代的兴起，帮助社群商业模式走出不一样的路径。

依托互联网建立的商业模式，大体分为三个层次：最底层以产品为中心、中间层以平台为中心、顶层以社区为中心！社群商业在这种环境下应运而生，"内容""社群""商业"是新商业模式下的三大重要元素。

内容是媒体属性，是产生流量的起点；社群是关系属性，可以沉淀流量；商业是交易属性，能够变现流量价值，如图 6-1 所示。

社群的核心内容永远是产品，而制造产品的人作为意见领袖，同样受到粉丝们关注，有好产品和服务，加上充满人格魅力的"领袖"，就能聚合人气，社群再将各种元素沉淀下来，通过企业组织的线上线下活动，粉丝之间、粉丝与企业的距离就拉近了，那些有共同爱好和价值观的人继续留在社群，逐渐变成铁杆粉丝，演变成社群的中坚力量，这因为这些有深度联结的用户，企业再进行产品推广就容易得多，这一切，似乎水到渠成。

图 6-1　内容、社群、商业与流量的关系

2015 年，在中国首届"社群 +"经济领袖峰会上，速途网络创始人兼 CEO 范锋分享了他对社群新媒体业态的认识和思考。

范锋说："与前几年相比，如今人们获取信息的途径已经从新浪、搜狐等传统的门户网站转移到微信群、QQ 群等社群。几乎所有人手机里都有很多'群'，这些社群作为媒介与平台，能让群里的人互相传递与获取信息，这样的社群就是一个新媒体。能够传播交流信息的媒介，都可以称之为媒体。从这个角度说，社群就是媒体，每个在群里的人就是媒体人。"

那么，这个时代里，商业战场的形态到底有哪些变化呢？

1. 社群正成为新媒体和营销的主战场

社群鉴于自身的独特优势，能够弥补微信自媒体每天更新数量不固定、不能互相交流的不足。同时，社群容纳性强，具备分析数据的功能，根据地域、人群、行业对粉丝进行分类，有助于更深入地社交。此外，社群内容更有创意和具备现实意义。

很多企业已经将目光投向社群的建立和维护，速途 CEO 范锋就说过，把社群当成重点业务之一很有必要，并且和腾讯展开了很多社群方面的合作，他相信投入这个主战场，企业能享受更多创新的红利。

如今，越来越多的人意识到社群的战略意义，这个能准确定位粉丝类型的平台，有助于企业开展各式各样的互动活动，加上微信公众号的协助，能够建立起社群联盟，以

图 6-2　社群具有重要的战略意义

更强大的力量，融入到新商业模式下的竞争中去，如图 6-2 所示。

2. 微社群联盟走平台化道路

照目前的情况看，微社群联盟走平台化道路是大势所趋，因此很难从单个群中找到商业价值，也无法产出大量优质的内容，但如果将不同兴趣、不同区域、不同领域的社群联合起来，就会形成一种全新的商业形态，来缓解旧商业模式所显现出的疲惫。例如笔者组建的元启社，就朝着这个方向发展。

3. 粉丝主导社群的发展

粉丝是组成社群的个体单元，也是推动社群发展的重要力量，企业无法做到让粉丝满意，社群就不能继续存在下去。

不难发现，社交平台的每一次更新，都让社群融入新的功能，让粉丝之间的交流更为顺畅，从交流感情、获取信息到生活服务一应俱全，而企业也通过社群平台，更好地向粉丝推送自己的产品和服务，**在社群中，买和卖是一个愉快的过程，粉丝既能开心地买到心仪产品，又能增强内心的归属感，他们会以实际行动回报企业**，如图6-3所示。试想，如果每个粉丝每个月能带十个朋友到社群中，一年下来，社群里的粉丝就会增长很多倍，企业的发展空间也会随之增长。

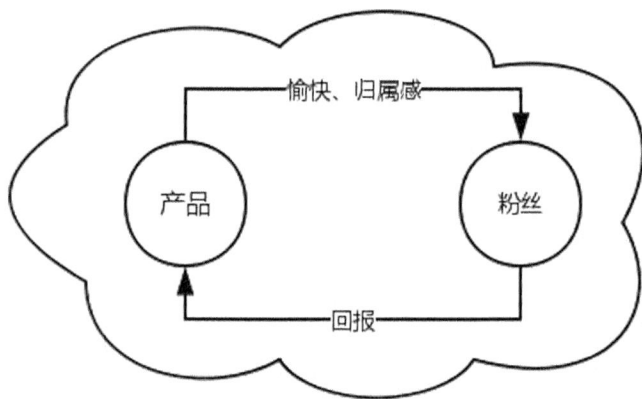

图6-3　社群中的买卖关系是互相作用的

面对日益兴起的社群粉丝经济，企业纷纷开始琢磨如何拉近与粉丝的距离，从而让社群发挥更大作用，身处新形态商业战场下的企业，应当如何做，才能把粉丝变成社群呢？

1. 维护核心粉丝群

对于大多数初创型企业来说，首先要学会建立一个核心粉丝群，便于那些对产品有着深度认同的人更加方便地交流。

这种群的氛围相对轻松，粉丝在这种环境下交流显得很自然，无拘无束，群体也不存在什么条条框框，目的是为了增进彼此间认识，鼓励粉丝之间多多接触。

核心粉丝群运营一段时间后，创业者对目标人群有更深层次的了解，社群逐渐形成自己的文化，同时，还要发掘其中有管理潜质的粉丝，去复制出另一个群，并让他们去管理。

在做社群运营前，不要想着一下子建立个超级大群，以免管理跟不上而顾此失彼，不妨先建立核心社群，所培养出来的铁杆粉丝，今后就有能力去管理其他普通粉丝，有利于社群的良性发展。

2. 发展第一个社群

有了核心粉丝群，接下来要做的就是正确运营，这个过程中，企业应当面对一个残酷的现实：群都是"短命"的，鉴于这个客观规律，在运营群的时候，就要尽量避免这种情况的发生。

在这里，要告诉大家两条建议：

第一，不要过度投入，如果群即将消亡，就不要去骚扰别人。

第二，产品必须在群消亡前就完成营销。

由于人的社会属性，使得群必须存在，企业需要做的，就是给用户一个进群的理由，例如，同行可以在群里交流工作、辣妈可以在群里交流育儿经、追星族可以在群里议论明星八卦等，当大家发现这个群里人有相同爱好，就会产生共鸣，群存在的时间就越长。

然而，在社群运营过程中，很多创业者的想法开始发生变化，把群变得很功利，想法也变得复杂，这样做会让群失去趣味性，导致"粉丝转路人"。

社群营销与传统营销的最大区别，是让粉丝主动购买产品，并推荐给身边的人，创业者要做的，是引导粉丝去体验产品。例如，想要在网上销售户外用品，不妨组织一场登山活动，让粉丝亲身感受产品的优势。

运营社群就是要带着粉丝们去玩，去体验产品的性能，去探寻企业的价值体系。对于核心粉丝群，可以由创业者亲自组织活动，而分布于不同地域的粉丝群，则可以由管理这些群的粉丝带领，保证定期举行活动。

随着社群营销如火如荼地进行，新商业形态已呈现一定规模，创业者若再不重视粉丝管理和社群的建立，将无法在竞争中立足。

6.2 营销思维变革：十个人知道不如一个人喜欢

如今，企业为扩大知名度可谓费尽心思，在媒体上投放广告、散发宣传单页、进行电话推销等，这些传统的营销手段，不仅成本巨大，还鲜有收效。

社群时代的营销者，更相信一句话：十个人知道不如一个人喜欢。那个喜欢你产品的人，就是你的粉丝，他愿意告诉身边的人："这款产品我用过，真的不错。"这种口碑营销的广告成本几乎为零，但那个粉丝会慢慢将身边的人都发展成为你的粉丝，社群就这样建立起来了。

一次，坐在茶餐厅等朋友，旁边坐着五六个年轻姑娘，其中一位说："我刚在网上买了一瓶面部修复液，用了两天，皮肤就变得这么好。"接着，其他姑娘就开始讨论起来，最终结果是所有人都觉得，已经购买产品的那位姑娘皮肤真的变好了，于是每个人都买了一瓶，菜还没上全，姑娘们已经支付成功了。

从专业的角度说，先购买产品的那位姑娘是这个社群中的"粉丝"，她向朋友介绍产品效果的过程，就是在影响"路人"，正因为这些"路人"看到了产品实实在在的效果，因而愿意变成"粉丝"。

只要有粉丝支持，企业就能运营下去，社群的建立，相当于给了粉丝们一个自由发挥的平台，他们能够将身边的人拉入社群中，再进行一系列互动，从而壮大了整个社群队伍，从中我们能得到哪些启示呢？

1. 产品和服务不出众，谁都不会喜欢

想要积累更多粉丝，产品的性能和服务必须很出众，不然一切都是空谈。罗振宇能够玩转社群营销，主要是他的节目有足够吸引力；小米能拥有大量"米粉"，其手机性能过硬非常关键；苹果利用粉丝经济扩大影响力，其产品"够酷"，令"果粉"们折服……

虽说粉丝会成为免费宣传的渠道，但企业要先令这些人喜欢自己的产品，粉丝不会虚假宣传，如果他跟其他说："这个产品我用过，非常不错。"那这款产品一定是真的不错，市场口碑也不会差，如图 6-4 所示。

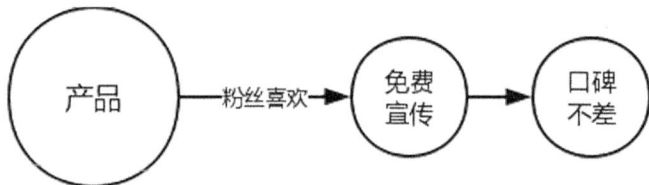

图 6-4　产品出众，粉丝自然免费宣传

2. 价值观趋同，粉丝才会为企业宣传

除了产品和服务，企业和粉丝还要保持相同的价值观，社群就是基于这个现实建立起来的。

曾关注国微博上一个名为"吴大伟"的账号，他是一家淘宝店主，也是一个微博红人。

这个年轻帅气的小伙子，给人一种春风拂面的感觉，加上超棒身材、会烹饪、与员工打成一片，让人觉得没有距离感，还经常在网上放出和小他 18 岁妹妹的日常生活场景，引起无数女粉丝关注。

而这个做足"情感营销"功课的吴大伟，在产品方面也是精益求精，选料、生产、包装、客服、销售、售后服务等，处处体现为粉丝着想。

很显然，吴大伟走的是"暖男"路线，深得女性粉丝的心，正因为广大女性消费者对暖男"情有独钟"，使得吴大伟迅速成为受众群体的偶像，有了相同的道德观和审美取向，才会有越来越多粉丝走进吴大伟的社群中。

3. 搭建沟通平台，让粉丝体会企业的用心

企业不能忽视与粉丝之间的沟通，首先，粉丝在使用产品或者接受服务后，需要有一个倾诉的平台；其次，通过沟通能够了解粉丝的更多需求；最重要的是，从粉丝的评价里，企业会发现自身不足，便于完善自己。

不少创业者很纳闷：为什么知道我的人很多，但真正喜欢的人很少呢？

很大程度上与沟通不够有关，只要有人关注你的产品，就应当主动去和他们聊天，不一定要推销产品，但要挖掘出对方的需求，这时候再去介绍产品，用户会觉得企业是用心的。

社群经济时代的商业商战，将粉丝的体验感受列为最关键的要素，粉丝心甘情愿为企业做免费宣传，并且这种宣传是最有说服力的，不仅凸显出产品信息，更有助于营造产品在用户之间的品牌效应，与传统营销方式相比，利用社群中的粉丝进行口碑营销，费用更低，目标针对性更强，几乎每一次宣传都是精准定位。

那么，在社群营销中，如何让粉丝帮企业实现口碑宣传呢？如图6-5所示，可以从五个方面着手。

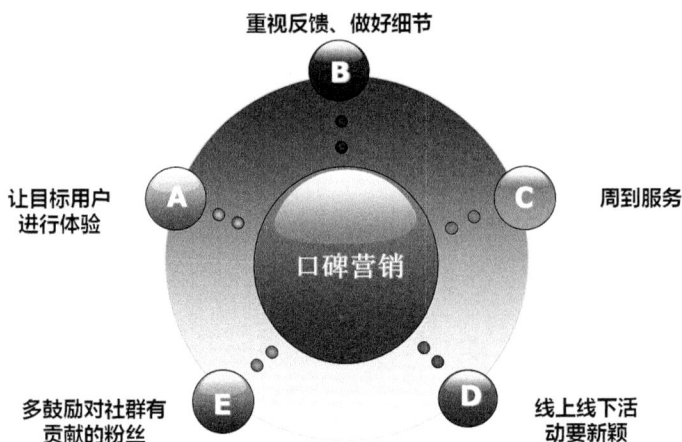

图 6-5　企业做好口碑营销的五个方法

- -

1. 让目标用户进行体验

产品面世初期，想要积累粉丝就必须先找到目标用户，再让他们参与体验互动，只有亲身经历和使用过，用户才会对产品做出真实评价。

G 公司近期推出一款防晒霜，比之前任何一款同类产品都要好，最大亮点是涂抹一次，可以防晒 6 小时以上。周末，G 公司员工在本市最繁华的商业街进行宣传推广活动，展架上清楚写明此款产品功效，并且下方出现了企业的公众平台二维码，凡是扫过二维码并成功添加到微信的路人，都能获得试用装，G 公司也鼓励用户提交反馈意见，凡提交意见者，都能得到 0.1 元到 10 元不等的现金红包。

与传统投放广告方式相比，企业花在用户体验上的费用相对较低，这些参与过体验的人，很有可能会购买，再传播给他们身边的人，这种宣传几乎没有成本。

2. 重视反馈、做好细节

想要让粉丝帮企业宣传，产品和服务就一定要做到令他们满意，不妨专门开设一个平台，让用户写上体验评价，这些是企业改进产品和服务最有用的参考，同时要注重工作中的每个细节，口碑营销才能真正起作用。

不少企业虽然具备用户评价系统，但并没有把它当一回事，依然按照自己的想法设计和宣传产品，那么即使邀请再多用户参与体验，也无法做到口碑营销。

用户的每一条评价都是有意义的，甚至会直接告诉企业，产品需要如何修改，这类免费且实用的创意，有可能会让产品出现颠覆性改变，企业有什么理由不重视呢？

从另一个角度说，用户看到产品在自己的建议下变得更好，心中会升起自豪感，认为企业确实将用户放在最重要的位置，并且有强烈的感觉自己是社群中的一员，要知道，用户所建立起来的归属感，会直接影响他们是否变成企业的铁杆粉丝，而铁杆粉丝的力量前文中已经提及过。

"细节决定成败"是一句已经被嚼烂的话，企业能否做好细节，同样影响用户向社群靠拢的决定。

例如，将发放的试用品包装精致些；向用户推送有实用价值的信息等，某些细节上的改变，会让用户觉察出企业的用心。

社群是粉丝之间、粉丝与企业培养感情的平台，如果能做到重视用户反馈和打理好细节，粉丝才能感觉到企业所倾注的心思，才会有人喜欢你的产品。

3. 周到服务

如今，服务成为衡量品牌企业优秀与否的重要指标，即使产品再好，没有配以优质的服务，用户还是会送上"差评"。

值得一提的是，售前服务、售中服务、售后服务三者缺一不可，用户在向其他人介绍产品时，也一定会提及服务，若能成为用户口中的"亮点"，相信他身边的人也会被打动。

4. 线上线下活动要新颖

企业应多组织主题新颖的线上线下活动，让粉丝带着他们的朋友一起参加，活动是拉近人与人之间距离的最直接方式，只要活动设计得足够吸引人，就能起到不错的营销效果。

除了重大节日和新品发布，企业能够组织活动的机会还很多，例如，组织一场活动，作为对粉丝们的答谢，会上安排一些新奇好玩的游戏，通过游戏将返利送到粉丝手中，都是不错的选择。

5. 多鼓励对社群有贡献的粉丝

虽说社群营销中，粉丝愿意免费为企业进行宣传，但若能以奖励等方式，鼓励他们的这种行为，相信会有跟多粉丝加入到其中。

鼓励的方式有很多，例如，给现金或者优惠券等返利；成为企业的 VIP 会员；新品优先体验权等，不一定是物质方面的奖励，对粉丝精神方面的鼓励也有效。

所谓粉丝经济，就是要让用户真正喜欢上这个品牌，企业所有的活动和营销策略应当围绕这个中心展开，粉丝越靠近社群的核心，对品牌就越忠心，他们会为企业带去更多商机。

6.3 不可小觑的"用户习惯"

用户在关注和购买产品时，受到各种因素制约和影响，例如，消费者更习惯于 B2C 的购物模式；有网购习惯的人多半受过一定教育，并且为中低收入人群；大部分人所关注的微信公众号不会超过 50 个……营销者通过研究用户的消费习惯，能够判断出他们的生活背景和方式，进而掌握更多信息，便于将产品精准推送给有需求的用户。

社群是由无数个粉丝组成的，他们都有独立的个性，对于营销者来说，要么顺应用户的习惯，要么引导用户改变习惯，切忌跟用户"对着干"，一旦他们觉得不适应，就会远离你的社群。

仔细观察手机中的社交软件，每一次更新升级，都是为了更好地顺应用户习惯，操作更加便捷，同时节约数据流量，因而腾讯 QQ、微博、微信等才会一直受欢迎。

就拿微信公众号来说，几乎每个微信用户都有自己喜欢的公众号，但大部分人所关注的公众号数量不会超过 50 个。从内容上看，用户比较青睐人生励志、搞笑幽默、养生、时政等方面，这和用户大多为年轻人、收入相对偏低的客观情况相吻合。

这部分人当中，只有不到三分之一会关注商用公众号，用户主要分布于旅游休闲、银行理财、餐饮外卖、电商购物、技术培训等模块，这些和大众日常生活息息相关，不仅为了了解最新消息，同时还可以掌握企业优惠信息，甚至有些用户添加公众号就是为了领优惠券。

了解了这些，就知道应该什么时候向用户推送信息，信息内容是什么。通常情况下，**推送时间定在上午 7：00 ~ 9：00，中午 12：00 ~ 2：00，下午 5：00 ~ 7：00，晚上 10：00 ~ 11：00，因为这些时间段，大部分人在上下班路上和休息，打开率高。**不要选择在工作时间推送，以免造成用户反感。同时，推送的内容一定要是用户感兴趣的，尽量挑选轻松一些的文字和图片，有助于用户缓解压力。

营销方案的制定，必须从用户的角度出发，不能凭空想象，要尊重用户的习惯，传播过程才是轻松愉悦的，这种氛围能够激发用户的购买欲望，如图 6-6 所示。

图 6-6　营销方案制定时的考虑因素

面对不容小觑的"用户习惯"，社群营销者应当注意些什么呢？

1. "用户习惯"是多方面因素形成的

很多创业者存在误区，认为"用户习惯"只是他们购买产品时的习惯，实际上，用户习惯是很多因素共同作用的产物，若只关注单方面，就无法完全了解用户。

习惯的形成与其生活经历有很大关系，年龄、收入、文化背景、价值观等方面不同的人，所表现出的行为差别很大，因此先要对社群中的用户进行分类，企业所掌握的信息，能够帮助他们分析出用户可能会出现的习惯，再尝试性地进行消息推送，根据用户的反应，修改营销方案。

2. 顺应用户的习惯是第一要务

前文说到创业者是社群的意见领袖，同时对社群进行管理，但他们同时为粉丝提供服务，想要留住企业的衣食父母，就得先顺应用户的习惯，不要异想天开地认为自己有把握改变用户，尽管存在这种可能，可在社群成立初期，企业最好不要冒险。

能够容纳一切元素的社群，体现着它的包容性，既能把有相同价值观的粉丝吸引过来，又起着调节作用，以维持社群的稳定。

企业顺应用户的习惯，也是社群发展的客观规律，这个过程中，企业会慢慢发现用户形成习惯的原因，从而更好地为他们服务，同时为引导用户改变习惯做准备。

不论如何，顺应用户的习惯是每个企业要做的第一件事，在用户看来，企业传播产品信息不外乎要向他们推销，如果没有建立足够的信任，会大量出现"粉丝转路人"的情况，社群营销就无法进行下去。

所以说，面对还不熟悉企业的用户，先顺应他们的习惯比任何事情都重要，只有等到粉丝变成铁杆粉丝时，才能谈得上改变用户习惯。

3. 引导用户改变习惯需要时间

随着营销方式的不断改变，对于是顺应用户习惯，还是引导用户改变习惯，成为众多研究者讨论的话题。

一部分人认为，如果总是顺应用户的习惯，企业就没办法形成独特的风格，应当适时改变用户的习惯；另一部分人认为，改变意味着有可能会"掉粉"，因此不要轻易这样做。

其实，引导用户改变习惯并不一定是坏事，但要在恰当的时间进行，当企业完全掌握用户信息，就会发现总是维持原状未必就好，不如找个契机，让用户看到全新的东西,甚至可以颠覆他们之前的习惯,对于部分特定用户群体来说,是个不可多得的好机会。

前文提到首先要顺应用户习惯,等到社群相对稳定,可以尝试着引导用户改变习惯,这时候用户会发现企业身上原来也贴着标签,而企业所营造的独特氛围,对用户来说也是一种魅力。

一直以来,"用户习惯"都被企业视为非常重要的营销参考项目,尤其是在社群营销盛行的当下,能够笼络住粉丝,社群才稳定。

那么,到底要如何做,才能真正掌握用户习惯,同时引导他们向企业的价值观靠拢呢? 如图 6-7 所示,是引导用户向企业价值观靠拢的步骤。

图 6-7　引导用户向企业价值观靠拢的步骤

1. 观察粉丝的共通性

社群中,粉丝大多个性鲜明,但同一年龄段和相同生活背景的人,在"用户习惯"方面往往存在共通性,这为营销者收集信息提供了便利,只要注意他们共同的习惯,就知道该如何推送消息了。

小 A 在一名微商,在朋友圈销售澳洲保健品,业绩相当不错,问起原因，她说：“我会设计不一样的广告，向拥有不同习惯的消费者推送，并非每天刷屏。”

小 A 认为，愿意购买产品的人，经济条件相对宽裕，更注重生活质量，所以经常向他们推送关于美食、旅行等方面消息，常会引得一群粉丝讨论。小 A 的微信里，有很多粉丝自发组建的聊天群，十分热闹，大家在聊天过程中拉近了距离，小 A 只要有空，就会参加讨论，因此她和粉丝们保持着良好关系。

2. 对粉丝进行尝试性消息推广

对于刚刚开始创业的人来说，无法在短时间内精准定位用户的习惯，可以先少量地推送消息，多关注用户的反应，从中发现有用的信息。

这种“尝试性”做法，很多新创业者使用后，均表示有实际收效，原因在于用户对你的产品很陌生，一下子推送很多消息，会令他们觉得你是在推销商品，一旦产生这种心理，用户很可能会远离你的社群，此时，对粉丝进行尝试性消息推广，就显得尤为重要了，而他们的回应，又成为收集用户信息的另一个渠道。

3. 避免用户体验走向“疲态”

很多创业者一味迁就用户的习惯，忽视了创新这个要素，最终导致社群解散。顺应用户的习惯自然重要，但当他们觉得这个社群缺乏新意的时候，心理上就会产生疲惫感。

作为社群的“领袖”，应该在这类情况发生前，就引导用户稍作改变，帮助他们换一种方式思考，虽然能改变的习惯并不多，但能够调节社群气氛，避免用户出现疲态。

4. 注意用户习惯的改变

受到各方面因素影响，用户的习惯并非一成不变，这同样值得企业关注。

D公司从事办公用品的产生和网上销售，是天猫商城中同类店铺中的佼佼者，D公司负责人表示：选择在网上销售，主要因为社群经济能带来更多收益，企业在尊重用户习惯的同时，还要注意用户习惯的改变，D公司开了十几年，起初那些来买学生文具的人，早已开始工作，他们对产品的需求和之前不一样，消费习惯也在发生改变，企业若没有想到这一层，推送给消费者的信息，往往是他们不需要的，就无法实现有效互动。

组成社群的个体是人，而人处在不停变化中，企业应当保持洞察力，更好地服务于用户。

5. 主动帮助用户培养习惯

有些用户对产品并不了解，属于"路人"那一类，企业应该主动帮助他们培养习惯，直到他们变成产品的铁杆粉丝。

首先，近距离沟通，获得信任。 如果是小型创业者，例如，微商、刚起步的淘宝店主等，不妨亲自和他们交流，内容不多谈及产品，只当作交朋友；如果是有专门的客服人员，就由他们去接触这些用户，再将相关信息转给营销者，进而对这部分用户分类，做到精准定位每个人。

其次，推送信息，提供产品使用帮助。 由于对产品非常陌生，如果只是推荐商品，用户会感到一头雾水，甚至会转身离开。对于这部分用户，企业要特别用心，将产品的性能、功效等统统介绍清楚，还要及时回答对方的提问。

详细介绍不仅让用户对产品有全面了解，同时可以让企业更新用户信息，准确知道用户的个人情况。

最后，邀请参与社群活动，如图 6-8 所示。不论对方是否购买了产品，企业都要笑脸相迎，因为当中很可能有潜在用户，不妨通过一些小奖励，鼓励他们加企业的 QQ 群、微信公众号、微博营销账号等，他们参与的越多，成为粉丝的可能性就越大。

对于企业来说，"用户习惯"永远值得推敲和深思，不仅要尊重他们的习惯，还要通过有效方式，来实现社群与粉丝价值观的融合，这才是社群营销真正的意义。

图 6-8　帮助用户培养习惯的方法

6.4 如何向不同等级的粉丝做广告

所谓"铁杆粉丝"，指的是那些非常热衷某个品牌的用户，甚至他们只会购买这个品牌的产品，并积极地为品牌做推广，所以才有了"米粉""果粉"等。

铁杆粉丝是社群中最稳定的那个群体，只要新产品发布，他们就会前来购买，每天通过社交平台与企业进行互动，很显然，铁杆粉丝的一切行动都是自发的，由此让人产生疑问，到底该不该向他们做广告呢？

目前，形成了两种不同意见，有些人觉得，即便是铁杆粉丝，也有可能因为没有时间而忽略了去关注企业，向他们推送广告，会让其觉得一直被企业所关注；另一部分人觉得，当铁杆粉丝们收到企业推送的广告时，会产生不好的感觉，拉大了双方之间的距离，使得信任感降低。

两种说法各有缘由，但目的都是希望巩固和铁杆粉丝的关系，因此在向他们推送广告时，要注意一定技巧，这是为什么呢？如图 6-9 所示为与铁杆粉丝交流的技巧。

图 6-9 与铁杆粉丝交流的技巧

1. "铁杆粉丝"既脆弱又坚强

作为社群的中坚力量，铁杆粉丝的位置举足轻重，也同企业有着微妙的关系，不要觉得这群人永远是企业的"死忠粉"，他们也会在受到"伤害"后选择离开。

培养铁杆粉丝的过程比较复杂，但要摧毁这种联系却极其简单，因此他们是脆弱的；正因为铁杆粉丝们会帮助企业将更多"路人"变成"粉丝"，所以说明他们有一股坚强的力量。

是否向其推送广告，要看他们是否有这个需求，这考验着企业对用户的关注度，通过分析他们浏览企业信息的频率，得出这些人对产品到底有多关注，再有针对性地进行消息推送。

2. 维系信任度比推送广告更重要

多与铁杆粉丝互动，企业才能保证社群的稳定，不妨换一种方式推送广告，例如，将产品信息夹杂到 Q 版漫画中；让铁杆粉丝去组织一场活动，并将新产品作为奖励，免费让他们试用等，既让他们感受到自己是被重视的，又能很好地介绍产品。

关于是否向铁杆粉丝推送广告，要根据实际情况来定，但有一点值得注意，那就是推送方式不能过于直白，想要了解相关技巧，具体要如何做，如图 6-10 所示：

推送广告要趁早

用另类方式推送广告

把推送广告当成 VIP 待遇

主动征求铁杆粉丝的意见

图 6-10　向铁杆粉丝推送信息时的技巧

1. 推送广告要趁早

选择什么时间推送广告，关系到企业对这件事情的态度，应当赶在产品正式发布前，就将广告推送给铁杆粉丝，甚至可以在设计中期就这么做。

越临近产品发布，越有推销产品之嫌，不妨早一点将产品信息告知铁杆粉丝们，让他们知道自己是受特殊待遇的，增强他们的归属感。

2. 用另类方式推送广告

同时要注意广告的推送方式，太过直白会令人无法接受，不妨将广告做成视频、漫画、小说等，让对方既有视觉上的享受，又能了解与产品有关的信息。

值得一提是，这里所说的"另类"，是指传播方式，内容以新颖多变为主，但不要过于夸张。

3. 把推送广告当成 VIP 待遇

很多企业认为，向铁杆粉丝推送广告是一件很为难的事情，如果能改变思路，让他们觉得接收到广告是一种 VIP 待遇，结果就会大不一样。

例如，在产品设计过程中，就向铁杆粉丝们透露设计理念等，并告知他们是最先了解相关信息的人，以增强他们的优越感。

同样是推送广告，换一种方式效果截然不同，对于铁杆粉丝来说，更关注企业在他们身上所倾注的感情，而把他们定位为 VIP，则是对他们最好的回报。

4. 主动征求铁杆粉丝的意见

让铁杆粉丝参与到产品研发、设计过程中，不仅让其第一时间了解新产品信息，更能从他们身上获取有效建议，此所谓一举两得。

目前，不少公司在新产品构思阶段，就开始向"死忠粉"要创意，往往能收到很好的效果。

这个过程中，铁杆粉丝们会关注产品研发的每一个阶段，随着面世时间的临近，他们想要购买产品的欲望越来越强烈，而他们提供建议的过程，又好像是在 DIY，因此会更加珍惜与企业"共同开发"的产品。

综上所述，企业向铁杆粉丝推送广告并非坏事，只要使用正确的方法，就能增强他们的归属感，所谓"不销而销"，在社群经济时代体现得更加突出。

6.5　如何让粉丝自发聚拢为社群

社群是将分散的粉丝聚集到一个社区中，早在前几年，很多创业者就依托"粉丝经济"成功实现转型，但在实际操作中，会发现单个粉丝的力量过于渺小，若能将他们聚集到一起，就能形成一个潜力无限的社群。

对于很多企业来说，积累粉丝并不困难，但想要将粉丝聚拢到一起，建立社群就不是易事了，不妨来看看这家公司是如何做的：

H 公司是一家涂料生产商，2013 年开始接触互联网，成功将企业从传统营销方式，转变成社群营销。

2013 年初，H 公司研发生产了一款环保涂料，这款产品颜色保真度高，几乎不污染环境，并有隔热功能，可谓技术含量很高，加上市场定价高，因此 H 公司判断其前景广阔。

借助这个契机，公司开始谋划"粉丝活动"，在新产品正式销售前，就邀请老客户们来公司车间参观，同时配备专业讲解人员。

根据事先协定，H 公司向前来参观的客人们，每家先发过去五十千克此款涂料，并配发了相关资料，让他们先行试用。

与此同时，H 公司建立了一个 QQ 群，让经销商都加入，企业有什么最新动态，会第一时间在群里发布，H 公司的技术人员也加入了这个群，及时解答大家在技术方面的疑惑。而有了这个群，经销商们之间的联系也频繁起来，谁有什么问题不明白，马上就会有人回答，令销售工作的节奏性更强，帮助经销商留住客人。

很快，经销商们照此种方式，也纷纷建立自己的用户QQ群，将生产和销售环节贯通了，H公司通过此种方式扩大了影响力，从"粉丝经济"到"社群营销"，不仅完成了华丽转型，还令自己的经销商学会如何更好地营销，因而销售渠道变得更加畅通。

企业不要想着一下子能建立起庞大的社群，而是依托现有粉丝，建立一个较为核心的社群，不必过于在意人数和范围，先将这些人培养成铁杆粉丝，再由他们去建立自己的社群，作为企业的重要分支。

从H公司的社群运营中，我们能够获得三点启发，如图6-11所示。

1. 社群是粉丝的大本营

对于粉丝来说，群是一个能够为他们提供归属感的地方，通俗的说，群就是大本营。不论什么规模的企业，都应当邀请最核心的用户到自己的群中，以便更好地服务于他们，而作为用户，也非常乐意加入到群中来，既然双方都有这样的需求，企业还有什么理由不建立自己的核心粉丝群呢？

图 6-11　社群运营的要点

2. 企业需完善群系统

光创建群还远远不够，企业需要完善群系统，H公司为经销商建立了群，并且让公司的销售、技术人员也加入，便于及时处理各种问题。

粉丝加入到群中，是为了更畅通地与企业联系，若群里只有粉丝，企业意见领袖的作用怎样才能得到体现呢？

如果群里配有客服等企业方人员，就能定期与粉丝实现互动，在这些人的带领下，粉丝就可以顺利地开展各种活动。

3. 鼓励粉丝建立自己的社群

企业建立核心粉丝群只是第一步，接下来要做的，是引导核心粉丝，建立自己的社群，企业只需要管理自己的核心粉丝群就可以了，其他都交由粉丝自己打理，以保证社群的自由度和粉丝的参与度。

不要担心粉丝不愿意这样做，当他们在核心粉丝群中掌握了管理技巧后，就会想着去 DIY 一个自己的群，而企业要做的，就是肯定粉丝的这种做法，并将这项工作列为企业管理的一部分，多推出鼓励措施，多让新人向有经验的人学习。

例如，设计一次比赛，让各个粉丝建立的社群进行角逐；举行公开课，向大家介绍某个群的成功经验等。

有好的产品和传播方式，就会吸引住粉丝，想得到粉丝的长期关注，企业还需要通过建立社群的方式，将他们聚拢到一起，前文中已经介绍了较为详细的方法，在实际操作中，还需要注意些什么呢？如图 6-12 所示，需要注意三点。

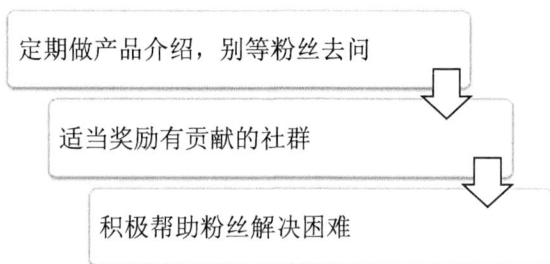

图 6-12　企业运营社群时的注意事项

1. 定期做产品介绍，别等粉丝去问

将粉丝聚集到一起，是为了提高人气，最终实现推广产品的目的，所以要定期在群里发布产品信息，否则时间久了，这个群的核心内容就淡漠了，很难再聚集粉丝。

推送产品信息时，企业要注意方法，不能直接了当地向他们推销，最好是能让粉丝了解产品是如何设计生产出来的，他们能够明白产品是怎么一回事，才对企业有更多信任感。

2. 适当奖励有贡献的社群

社群不论大小，都为企业创造着利润，就拿微商来说，公司会培养一批一级代理，同时为他们建立一个微信群，便于这些人交流，而下设的各级代理，也有自己的微信群，通常被称为"某某团队"，很多微商企业经常举办活动，用现金、礼品等形式奖励业绩突出的一级代理，他们再去奖励自己的下级代理商。

微商是社群营销中非常典型的案例，每一个代理商都是企业的粉丝，在销售产品的过程中，又在不断壮大这个群体，从整体上看，微商基本上是在认可这种营销方式后，自己选择加入。

不论物质还是精神上的奖励，为粉丝来说，都是一种有效鼓励，促使他们愿意将更多人笼络到社群中。

3. 积极帮助粉丝解决困难

企业应当在社群中安排本公司的人，或者定期为社群管理者进行内训，便于他们更好地服务于粉丝。

虽然社群是一个自由的平台，但并不代表企业就不去管理，越能及时帮助

粉丝解答困惑的社群，却能够聚拢人心。

一般来说，社群中都有企业的销售、技术、客服人员，对于简单常见的问题要及时解决，如果遇到较为复杂的问题，要第一时间反馈给公司。

很显然，企业要从建立核心粉丝群开始，一步步建立自己的社群系统，最终成为新商业模式下的中坚力量。

Part 7

离粉丝越近，市场之路开拓越宽

粉丝经济已经融入市场的方方面面，当企业的 CEO 也开始像明星一样大量曝光、大量吸引粉丝的时候，市场机遇会悄然到来。不论是产品生产，还是产品营销，借助粉丝的力量，走个性化之路，企业的未来将一片坦途。

7.1　可乐是如何被"冰峰"击败的

可口可乐，这是名誉全球的饮料品牌，全球每天几乎可以销售出 17 亿瓶，其是目前全球最大的饮料厂商。在中国，可口可乐也同样有着极高的市场热度，它与百事可乐一起，几乎垄断了中国碳酸饮料的大部分份额。

不过，这个世界级的品牌，却在西部重镇——西安，被一个名不见经传的"冰峰"饮料打得"找不到方向"。这个西安本地的"草根"品牌，却上演了一场狙击国际品牌的战役。

而更奇怪的是：在西安市场上，"冰峰"几乎看不到任何广告和宣传，但只要走进西安的饭馆，必然会听到食客的这样一句话："老板，开瓶冰峰！"

为什么冰峰可以击败如可口可乐这样的洋品牌？因为冰峰有自己独特的魅力，如图 7-1 所示。

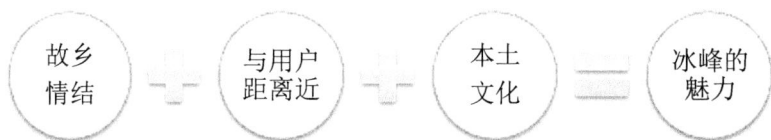

故乡情结　＋　与用户距离近　＋　本土文化　＝　冰峰的魅力

图 7-1　冰峰的魅力

1.故乡情结

冰峰诞生之时，有这样一个口号："从小就喝它"，如图 7-2 所示。而这个观念，一直伴随着冰封的成长，无论从最早的三毛五一瓶，还是如今的几元钱一瓶。并且，它的包装——玻璃瓶，和口味——橘子味，几乎没有做出任何改变，因此外地归来的西安人，回来时必然要喝上一瓶冰峰，这最能立刻让自己找到故乡的感觉。这种故乡情结，击中了用户"地域情怀"的痛点，而这种痛点又恰恰是中国"故乡文化"的核心，所以相比较远道而来、除了时尚很少再有其他文化特点的可口可乐，冰峰自然更能打动西安人的心。

图 7-2　冰峰广告语"从小就喝它"

2. 与用户距离近

冰峰在西安有一个非常大的特点，那就是无论在苍蝇小馆子，还是在五星级酒店，你都能看到他的身影。这样，就给用户的生活习惯带来了延续性——无论在哪里，都可以喝上一瓶。"冰峰"拥有100多家一级分销，400多家二级分销，以及1万~2万家终端经销，因此你可以在西安的所有角落找到它，单这一点，可口可乐就无法比拟。这种"无处不在"的心理暗示，更让西安人对冰峰产生了近乎如毒品一样的心理依赖。

3. 本土文化

西安人喜欢吃凉皮、泡馍等美食，而"冰峰"恰恰与这些平民美食的结合非常亲密，经常有"吃凉皮送冰峰"这样的配套销售。所以，这就很容易养成西安人对于冰峰的购买习惯。

西北大学经管学院教授卢山冰曾这样说"冰峰"：这是西安几代人的情结，作为西安本地品牌，这种品牌影响力不是催生的，更不是强加的，而是自然而然产生的，生命力也将更长久。

如冰峰这样的地域性品牌，在其他地区也都曾出现过：青岛的崂山可乐、北京的北冰洋汽水，只是他们都没有冰峰做得如此成功。尽可能接近用户，市场的路就会拓宽，这是冰峰带给所有品牌的一个启迪。

在美国，麦当劳几乎在每一个街道都开设店铺，即便荒郊野外的加油站。所以，当我们说起美国的快餐品牌之时，就会想起麦当劳。可以说，冰峰之于西安人，就像麦当劳之于美国人。

冰峰几乎没有去进行社群经营，但它的社群却是最稳定的。那么，一个稳定的社群应该具备什么样的属性呢？如图 7-3 所示。

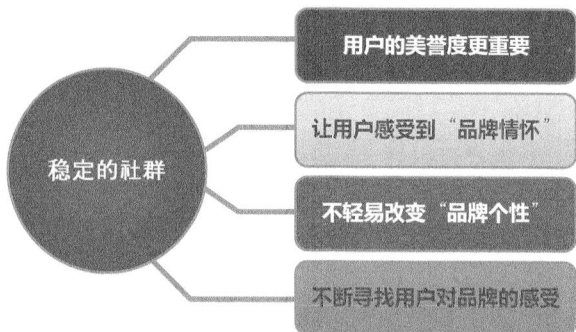

稳定的社群

- 用户的美誉度更重要
- 让用户感受到"品牌情怀"
- 不轻易改变"品牌个性"
- 不断寻找用户对品牌的感受

图 7-3　稳定的社群应该具备的属性

1. 用户的美誉度更重要

对于可乐而言，它有着极高的知名度，即便在西安也不可例外。但是与冰峰相比，这些洋品牌饮料，却缺少一个关键环节——用户的美誉度。知名度，可以让品牌被所有人看到，了解到品牌的特点；而美誉度，才能真正让用户交口称赞，拉近与客户的距离。正如冰峰，在诞生之初它有一定的宣传推广，但相比较可乐的狂轰滥炸，力量无疑小了很多。不过，它的价格定位、产品质量及铺货方式，都可以直接切中用户的心，无论从口感到价格都能让人轻松接受，所以自然具备很高的美誉度。

社群粉丝经济时代，无论我们的推广多么成功有效，产品才是核心，一定要给用户有"称赞"的机会。冰峰的特点，就在于其可以在任何一家小店买到，从而让它的口碑能够实打实地传播出去。尤其是对亲情牌和地方牌的打造，让西安的消费者产生了很强烈的归属感，从消费文化到消费习惯都给用户带来了深远的影响。

所以，无论品牌对社群建设有多少规划，不要忘记产品才是架通与用户的桥梁，得不到用户的美誉度，仅仅只是高知名度，注定会在短时间后迅速被市场忘记。

2. 让用户感受到"品牌情怀"

冰峰之所以能够成功阻击可乐，正在于品牌情怀的建设——西安人就是喝着冰峰长大的！这种地域情怀的植入，对于某个区域来说，具备非常强的心理暗示。几乎所有成功的品牌，都有这种"品牌情怀"的建设——小米 MIUI 系统最初的口号，就是打造"最适合中国人使用的智能系统"；白酒销量很好的金六福品牌，也会针对不同地区推出"为北京干杯""为湖北干杯"等系列酒，就是为了让当地的用户感受到品牌是属于自己的，是最适合自己的。

其实，可乐也是如此。美国人之所以对可乐有着无比的钟爱，一方面是因为他们习惯这种口感，但更重要的则是——这是我们美国人自己的品牌！

品牌建设的初期，就应该提炼这种情怀与用户的联系。不一定针对地域性，但可以针对受众群——你的品牌究竟要卖给谁，可以和他们产生怎样的结合？区域品牌打"地域文化"，非区域品牌打"受众群文化"，就像"罗辑思维"的品牌建设，就是针对那些愿意思考、充满独立气质的人，做到了足够精准，所以就能拉近与用户之间的距离。

3. 不轻易改变"品牌个性"

冰峰饮料诞生于 1953 年，而从出现的那一刻开始，就一直延续着这样的一个理念：平民化、本地化。60 多年的发展，这个"品牌个性"从来都没有进行改变，准确的定位，使其最人限度地满足了消费者的需求，而口碑更可以从一代人传递到下一代人。

不轻易改变"品牌个性"，就是为了让品牌的形象可以在用户心中留下深刻的印象，尤其是当这个"个性"完全与用户的需求相符时。对于饮料而言，人们追求的就是价格优惠、口感适宜、便捷购买，因为它是生活中的必需品。所以，品牌一旦建立起自己的"个性"，就不要轻易进行改变，否则不仅会让老用户感受到距离拉大，新用户也并不信任这种改变。一个很典型的例子，就是奇瑞汽车的高端化改造：中高端品牌瑞麒由于销售情况不佳，不少经销商甚至已经退网，改做其他品牌。毕竟，奇瑞给人留下的印象就是高性价比，而刻意走向高端化，只能让人觉得不伦不类，反而丢失了已经培养起来的用户群。

4. 不断寻找用户对品牌的感受

尽管与可乐这些洋品牌相比，冰峰的宣传促销活动算不上多，但是它们的方式却是非常有效的。从创立之初到现在，尤其是在 1998 年产业改革后，冰峰的电话调查、问卷调查等就会定期举行，以此了解用户对于口感和需求方面又怎样的感受，并借此做出相应的调整和改善。

当然，这种方法很多品牌都会进行，但冰峰最成功的一点在于：他们直接走进了小饭馆、凉皮摊，和用户进行最直接的沟通。这些人，才是冰峰最主要的消费群体。品牌如果无选择地进行问卷调查，那么得到的结果也是无意义的——你不知道真正的用户，到底有着怎样的感受。所以，只有精准地找到用户进行调查，品牌才能与客户越来越近。

7.2　为什么全世界都在做手机

2012 年 4 月，前新东方老师、网络红人、牛博网创建人罗永浩，宣布自己进军手机市场，开始独立研发手机；2014 年 8 月，另外一个"门外汉"，相声演员王自健也宣布进军手机市场。无独有偶，2015 年 3 月，传统老牌电器厂商，格力集团也由掌门人董明珠宣布：格力即将推出自己的手机。随后，乐视网也宣布，乐视超级手机即将上市，如图 7-4 所示。

图 7-4　乐视手机开放购买

这些人或公司，都是直接投身于智能手机研发的"高调网络红人"。而还有更多的人，也一股脑儿地扎进了手机市场，宣布即将开发独立 APP 软件。甚至，连一向低调的摇滚教父——崔健，也在 2013 年联合手机厂牌，推出了自己的专属手机，并命名为"蓝色骨头"。

如果说罗永浩投身手机市场我们并不意外，毕竟他本身就是个兴趣广泛并且敢想敢干的人，但连低调得都快让人忘记了的崔健都加入手机市场，这宣布了"全世界都在做手机"的时代到来。

为什么越来越多的人，开始投身手机市场？

答案很简单：这是社群粉丝经济时代的必须。

1. 手机才能拉近品牌与用户的距离

智能手机的出现，大大改变了人们对于"通信设备"的印象。在过去，手机的功能就是打电话、发短信，即便如诺基亚的塞班系统，虽然可以提供一定娱乐功能，但最主要的目的还是保持联系。

而随着苹果、安卓手机的横空出世，手机彻底颠覆了人们对于"通信设备"的印象。上网聊天、观看影音节目、导航、金融交易、和明星互动……甚至越来越多的办公功能，也被植入于智能手机之中。

一部小小的智能手机，装下了整个世界。所以，乔布斯才如此说道："这个东西（智能手机）将改变一切。"无处不在的属性，让智能手机引发了全球狂潮。英国有机构更通过调查发现，青少年普遍选择智能手机，而不是电视、PC 和游戏机。

据预测，2020 年，80% 的成年人都会拥有至少一部智能手机。智能手机所呈现的颠覆性和多元化，让这个时代有了一个全新名词——移动互联网时代。

正因为如此，当传统品牌发现人们的消费习惯已经大为改变之时，必然会调整方向，努力适应智能手机所带来的改变。尤其是对于一些互联网服务品牌而言，投身智能手机的研发，成了不得不做的事情。这其中，尤其以乐视网、360 等为代表。为什么做智能手机如此火热？原因如图 7-5 所示。

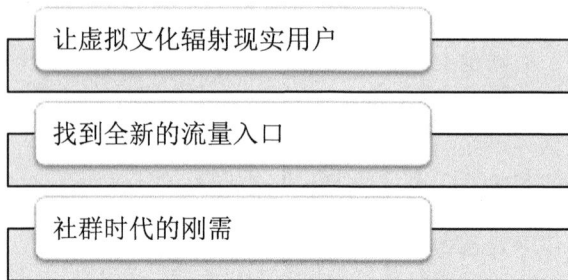

图 7-5　做智能手机火爆的原因

①**让虚拟文化辐射现实用户**。乐视网与360，这是中国互联网时代的两大知名品牌，尽管方向不同，但这两家公司都有着而共同的属性——服务。乐视网为用户提供的是影音节目，而360提供的则是综合服务，如杀毒、安全卫士等。

但是尽管乐视网与360粉丝众多，他们的产品依旧是虚拟的。尽管打开电脑，用户就可以感受到乐视网和360所带来的服务，但他们依旧需要从第三方引入用户——客户必须借助电脑或手机。那么，如果有一天当所有的手机品牌都提供了免费杀毒服务，建立了自己的影视库，那么乐视网和360该何去何从？

尽管这种推论很难实现，但不等于不可能。所以，乐视网与360就必须投身手机市场，让自己的虚拟文化，真正可以走进现实，与粉丝建立更加无缝隙的联系。而一旦有了自己品牌的实体手机，那么自己的产品和文化，就能完全植入其中，这会绕开第三方，从而真正与粉丝们进行直接交流。

②**找到全新的流量入口**。智能手机时代的到来，让"入口"这个词变得更为瞩目——入口就意味着流量，而流量的大小与否直接关系着粉丝的数量，以及品牌的影响力。2014年，360的PC产品用户活跃人数就呈现出不断放缓的趋势，但移动端产品却不断提升，达到了6.73亿，已经超越PC端。这种变化

意味着如果还不在手机领域大做文章，那么 360 之前建立的品牌效应，迟早会被移动互联网所吞噬。

所以，乐视网、360 乃至格力，都必须顺应时代潮流，在新兴的智能手机领域布局，这样才会让用户继续愿意感受品牌的魅力。而可以预见的是：智能手机的出现，会大大加快所有领域的智能化进程，如智能家居、智能汽车等，粉丝感受品牌已经完全不必只依靠 PC，所以如果此时没有建立相应的渠道，那么粉丝就不会再与品牌发生联系。

③**社群时代的刚需。** 社群的红火，正是因为智能手机的推波助澜。为什么小米很早以前就开始从单纯的系统开发转型为手机研发？就是因为他们知道，必须自己掌握产品的所有环节，这样才能真正打造社群。例如小米的"米聊""小米社区""小米云服务"等，这都是植入于小米手机之中的功能，当用户购买了小米手机之时，就必然会借助这些 APP 进入小米的社群平台。而如果没有提前在智能手机领域布局，那么即便小米的系统再优秀，也不一定能够吸引到足够数量的用户进行下载和安装。

所以，对于如格力这样想要在未来智能家居领域大展拳脚的品牌而言，就必须提前给用户带来专属品牌的智能手机，培养粉丝的习惯，提前建立社群平台。这样，一旦格力正式进入智能时代，那么用户才愿意选择和购买格力的相关产品。

2. 做不了手机，也要借助智能手机打造社群

直接研发自己的智能手机，这当然是最好的品牌社群建设手段，但这需要太大的资金和技术研发团队，对于普通品牌而言是很难实现的。所以，一个折中的方法便出现——借助智能手机打造社群。甚至，连一些看似很冷门的产业，如文玩、专业音乐制作品牌，也不惜推出自己的 APP 或微信公众平台，借此在

智能手机上站稳脚跟。

智能手机的时代，用户之间的沟通已经变得很便捷，不用再像过去的杂志一般，专门开辟"笔友交流"的板块，通过漫长的信件进行互动。所以，哪怕一个再小的品牌，也渴望自己的粉丝们能够经常交流、互动，第一时间得到品牌的各种消息，因此开发相关的APP，或者借助第三方的力量建立社群，就是为了给用户们建立无缝的互动桥梁。

比较成功的APP，当属几乎每个人手机里都会安装的"墨迹天气"，如图7-6所示。这款APP最大的特点就在于提供了用户最基本的生活需求——时时告诉我们今天是刮风还是下雨，是穿短袖还是穿长袖。而在基本功能之上，墨迹天机还打造了一个社群平台——时景。时景的特别之处在于，任何一个用户都可以随手拍下当时周围的环境，并一键上传至平台和其他用户进行分享——不仅是查看，更可以点"赞"或评论。这给所有用户们带来的不仅是直观的"天气预报"，更是一种趣味性的互动——别人这一刻在哪里？其他人会怎么评价我的拍摄？

图 7-6　墨迹天气 APP 页面

当用户养成了每天发一张照片，和其他网友进行互动的习惯时，模拟天气所产生的凝聚力，以及粉丝之间的话题互动就自然而然地形成了。

所以，尽管生活类APP有很多，但是真正做到了高装机率、高互动率的软件，只有为数不多的一些。而一旦形成了完整的社群网络，那么墨迹天气未来再进行新的功能、产品推出时，就会很快赢得粉丝们的追捧。

在这个时代，如果品牌依旧对智能手机嗤之以鼻，那么你就会渐渐流失自己的粉丝，和粉丝的距离越来越大。连耐克这样的品牌都不得不进行"NIKE+"的移动互联网社区打造，可见智能手机对品牌产生了怎样的影响。手机是人类必不可少的生活用品，而智能手机更加速了人们的互动速度，所以只有积极投身其中，才能建立真正高效、稳定的社群品台，从而离粉丝越来越近。

7.3 当企业 CEO 开始成为网红

董明珠，格力集团董事长。在很长一段时间内，国内用户都知道格力空调品质过硬、价格合理，却很少关注这位女性企业家。但就在 2013 年的年度经济人物典礼上，董明珠却突然与小米科技的雷军"掐架"，表示五年之内如果小米营业额超过格力，将会赔对方 10 亿元，顿时舆论哗然。

随后的几年，董明珠越来越频繁地出现于媒体之中，炮轰整个行业、推出格力手机并表示"必须用自己的头像做开机画面"，一时间董明珠的曝光率大为增加。

伴随着董明珠的高调，随即而来的是各种非议。然而董明珠似乎并没有因此感到气馁，反而似乎"享受"起这种曝光。因此，很多人都不免发出疑问：格力究竟怎么了？

其实不只是董明珠，越来越多的企业 CEO，似乎开始刻意增加自己的曝光几率。雷军、罗永浩，这本身就是自我曝光的高手；而曾经较为低调的王健林等传统企业家，近年来也不断增加着自己的曝光次数。更不要说，作为京东的领军人刘强东身上的娱乐话题，有时候甚至大大超过了商人本身。

这些功成名就的企业家，为什么在这个时代突然迷恋上了"曝光"，总是会对媒体发出各种爆炸性的言论？

因为，这是一个"没有话题就会被遗忘的年代"。尤其是对于品牌的粉丝而言，他们需要一个真实的、有血有肉的榜样出现，以此增加他们对品牌的敏感和讨论。而企业 CEO 是最好的对象。过分低调的企业家，所率领的企业也必然是非常低调的，这对于想要打造社群网络，尤其是直接面对消费市场的品牌来说，并不是一件好事。

品牌过分低调，就意味着没有话题；

品牌过分低调，就不能在社群中传播文化理念；

品牌过分低调，只能让粉丝淡化对品牌的印象，即便他天天都在使用。

想想看，我们会对自己使用的筷子留下深刻印象，愿意和其他人交流这双筷子的特点吗？即便我们与其他人使用的品牌、款式完全一致，我们很少会对筷子发起社交话题。

所以，越来越多的企业家开始享受曝光的过程。越是竞争激烈的行业，就越是"高调"。雷军、罗永浩、董明珠、刘强东……这些近年来的"商界狂人"，哪一个不是身处竞争激烈的红海之中？手机、家用电器、电商平台……

为什么，这些年高调的企业家越来越多？这一切，都与用户有着最直接的关系。而我们又能从这些人的身上，学到些什么？

1. 将品牌的文化属性"人性化"

小米的特点，就是年轻化、自由化。而雷军的高调，将这个文化真正通过"人"的角度，传播给了用户。尽管相比较小米的粉丝，雷军的年纪已经不算年轻，但是每一次出现在媒体之时，他都会呈现出年轻的气息，无论穿衣风格还是说话方式。但是，如果仅仅只是靠小米的新闻通稿等方式来传达文化理念，那总是会让粉丝感觉少了点什么——所有的新闻宣传都是冰冷的，带有操作痕迹的。而雷军的高调曝光，将那种刻意的品牌推广痕迹降低，用一种"我是用户"的姿态，将品牌的特点真正传播了出去。

同样，锤子手机主打的就是独立、自我，而罗永浩恰恰也是这样的一个人，所以由他出来"高调站台"，这本身就是一个非常好的推广模式。用自己的影响力和习惯，给品牌植入"人性化"的特点，这是"享受曝光"的关键。

2. 给粉丝带来丰富有趣的话题炒作

真正的社群，不是那种呆板的"粉丝使用心得交流与投诉"平台，而是像一个家庭一样，每一个粉丝都能找到自己想要的。所以，如果社群的话题每天只是停留在品牌讨论之中，那么用不了多久，所有人就会感到疲倦和无聊。

而企业 CEO 的高调曝光，就能弥补这种"单纯技术讨论"所带来的枯燥，甚至在社群中引爆新话题的爆发。就像雷军 2015 年在印度召开小米发布会之时，秀了一下不到三分钟的英语秀，却显得非常好玩："Are you OK？"、湖北音的"Do you nike mi band？"、甚至错将"I'm very happy to be in India"说成了"in China"。

短短几句英语，让雷军再度在国内外爆红，而小米品牌自然也被一而再、再而三地提及。并且，这件事还在互联网上得到了持续性地发酵，甚至连王思聪也加入其中。而"雷军英语秀"，也成为了一个互联网热门词汇。

很多人都怀疑，雷军的这个举动是一次蓄谋已久的炒作。因为小米之前的发布会，都会准备非常完整的 PPT，很难出现这种明显的口误，但这次的破绽接二连三，似乎是有意为之。

我们无法判断雷军是否真的是炒作，但这次高调的口误，却给小米品牌和粉丝带来了非常多的新闻话题。"小米进军印度市场"，这则本身看起来很平淡、无爆点的新闻事件，却凭借着雷军的娱乐化成为热门话题，让整个粉丝群都陷入狂欢，甚至还吸引了原本并不关注小米的人，以及更多的海外机构。

结果，雷军不仅在公众前展现了自己的幽默，让粉丝对自己的崇拜进一步提升；同时，小米的新战略也在娱乐化的传播中被人接受，可谓一石二鸟之举。

3. 给粉丝们一个"造神"的机会

苹果之所以能够成为粉丝黏合度最高的品牌，很大程度上在于乔布斯这个"大神"的存在。而企业家不时站出来曝光自己，发表自己的各种意见，尤其是具有深度的、具有话题性的内容，会很快让粉丝们产生强烈的敬意。粉丝们也需要榜样，需要"神"，如果企业 CEO 给了他们这样的一个机会，那么粉丝对品牌就会更加信赖，因为他首先信任的是"神"。罗永浩就是典型的例子，互联网初期他就建立了"睿智、善辩、幽默、自我"的形象，所以锤子手机刚一上市不用多少宣传，就能立刻形成销售热潮。

4. 曝光没错，但别"口不择言"

社群时代，企业 CEO 主动站出来曝光自我，会大大提升品牌形象，拉近与粉丝之间的距离，雷军这一点就做得非常优秀。而观察雷军的每一次曝光，还会发现：雷军虽然经常"口出狂言"，但很少炮轰，基本上只是围绕着小米做文章。所以，雷军的每一次亮相，都会被米粉们反复传颂，成为米粉的一种"自豪源泉"。

但与之相反的，自然就是董明珠。与雷军相比，董明珠不仅"口出狂言"，甚至有些"口不择言"。与雷军对赌呈现出的轻蔑态度、对同行业其他品牌展现出的嘲讽挖苦，不切实际的手机预计销量，还有看似有些过分自恋的"必须用自己的头像做开机画面"的言语，尽管引起了不小的轰动，但还是给不少用户带来了不太正面的影响。

所以，在米粉的眼里，尽管雷军也有瑕疵，但整体形象却是正面的；而董明珠却似乎总是被网友们调侃，形象争议非常大。这对于格力本身而言，并不是一件好事——如果品牌的总舵手被人厌恶，那么品牌本身也不会受欢迎。而这一点，在格力空调的业绩上似乎有所体现——2015 年第一季度财报中，格力电器的营收额为 245.03 亿元，同比出现 0.66% 的负增长。

所以，给品牌"站台"，主动曝光自己没有错，但不能为了制造话题就口不择言，否则原本忠实的用户反而也会逐渐流失。就像 90 后老板、"超级课程表"创始人余佳文，曾经公开表示要给员工一个亿的分红，但随后又用各种借口选择后悔，不仅被网友们口诛笔伐，甚至还引起了周鸿祎等"大佬"的反感。这种出尔反尔式的曝光，很容易给品牌带来致命伤害，所以在新一轮的"超级课程表"融资中，一直支持他的阿里巴巴集团也不见了身影。

7.4　如何让粉丝受益时接受产品

在社群粉丝经济的终极阶段，必然是构建出一个完善的粉丝生态圈。如今，似乎谁都在说生态圈，但生态圈的内涵究竟如何呢？

所谓生态圈，就是指各利益相关者处于同一个价值平台中，利益相关者在扮演自身角色同时，关注的是平台整体的特性，从而撬动其他参与者的能力，使得该价值平台能够创造更大价值，所有参与者都可以从中获利。

在一个生态圈中，竞争并非不存在，只是生态圈内部更加强调的是，彼此的联动、共赢，以及整体发展的持续性。

因此，在构建粉丝生态圈时，除了追求自身商业价值的变现，你也要努力让每位粉丝都能受益。

1. 重视粉丝力量

在构建粉丝生态圈时，你必须要重视粉丝的力量，如今的粉丝不再如过去一般处于"弱势"地位。借助社交网络，粉丝真正成为"既能载舟，亦能覆舟"的力量，甚至在传统的娱乐行业也是如此。

　　2014 年底，网友开始在微博上讨论圈内经纪人的问题，此时，对于经纪人董可妍的抱怨被刷屏。董可妍正是当红"小鲜肉"李易峰的经纪人，李易峰粉丝也对此进行截图发言，要求李易峰团队正视该问题。最终，李易峰所述公司欢瑞宣布"已作出严肃处理，此次事件中广大粉丝所反映的问题一定妥善解决"，董可妍就此走人。

2015年11月，另一位当红"小鲜肉"吴亦凡的经纪人冯丽华，也因粉丝们的厌恶，而在压力下离开。继任吴亦凡经纪人的是黄烽，他也同时担任周迅、许晴经纪人，在接受采访时，他就坦言："周迅的粉丝也不少，粉丝对她是一种欣赏的态度；哪怕跟她本人见面，也就是点个头。亦凡的粉丝数量大，有组织，有力量，还能监督我们的工作。我们不能站在传统的角度来做经纪了。"

确实，经纪人不能站在传统的角度做经纪，明星也同样如此，作为企业、品牌或社群更是如此。

你必须正视粉丝的力量，才能真正投入到构建粉丝生态圈中，而不只是口头说说，将此作为安抚粉丝的言论。

2. 满足粉丝需求

在构建粉丝生态圈，让粉丝受益时，你必须要满足粉丝的需求，才能赢得粉丝的认可。为了满足粉丝需求，你需要从**物质和情感**两个方面着手，如图7-7所示：

给予粉丝物质满足。物质是粉丝最直接的需求，也是最简单的满足方式。正如欣赏明星首先从外表开始一样，粉丝在看待社群时，同样最先关注其物质价值。因此，在满足粉丝需求时，你需要从物质满足开始。

①产品满足

产品是满足粉丝物质需求的最佳载体，也是

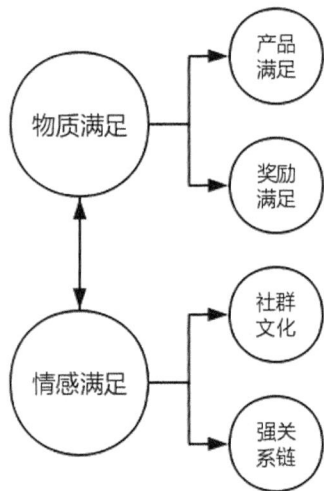

图7-7 要从物质和情感两方面满足粉丝需求

粉丝生态圈的核心。因此，在产品研发上，你一定要考虑粉丝的痛点需求，融入品牌文化和科技，让粉丝能够为产品尖叫。

与此同时，你也可以借助定制粉丝产品或粉丝定制产品，给予粉丝一些小惊喜。但要切记，这只能作为调味品，和"正餐"的参考意见，而不能本末倒置。

②奖励满足

在粉丝生态圈中，只有粉丝的热情参与，才能让粉丝生态圈具有价值，才能吸引更多利益相关者的参与。因此，为了激励粉丝参与社群活动，你必须建立各种激励机制，以足够诱人的奖励，刺激粉丝的参与欲望。

给予粉丝情感满足。如果粉丝生态圈的构建完全基于物质满足，这也会让你的生态圈变得脆弱。因为，一旦有竞争者开出更加诱人的物质条件，粉丝就会迅速"跳槽"。而阻止粉丝因物质"跳槽"的唯一方法，就是给予粉丝情感满足，塑造文化壁垒。

①社群文化

粉丝之所以能够被吸引而来，正是因为你满足了他们的兴趣爱好，并给予了他们身份情感认同。然而，这种爱好和认同并非只有你能满足。

因此，在吸引粉丝入群之后，你需要塑造社群文化，将社群与外界区隔开来，形成社群独有的文化氛围。通过营造社群专有、粉丝专属的文化氛围，给予粉丝特殊感和归属感，进而构建社群和生态圈的文化壁垒。

②强关系链

在面临更好的工作机会时，很多人选择留在原公司，这都是因为一个原因：价格的差异，比不上社交关系的价值。说白了，别人开出的价格不够高，怎样算是够高？这个价格需要覆盖你的工作习惯、工作氛围和工作关系。

每个人的心里都有一笔账：给我多少钱，我愿意换个工作场所，可以说服我换个工作氛围？多少钱，可以让我放弃现有工作关系，重新运营职场关系？其中，最关键的无疑是社交关系。

因此，为了让粉丝成为粉丝生态圈的"永久居民"，你就需要在社群的日常运营中，通过与粉丝互动，通过引导粉丝间互动，建立粉丝与你、与其他粉丝的强关系链，让其在享受优质社交体验的同时，提高他们的"跳槽成本"。

3. 所有粉丝受益

满足单一粉丝的物质和情感需求并非难事，但在粉丝生态圈中，你要面对的并非单一粉丝，而是生态圈里的所有粉丝。

那么，如何让每位粉丝都受益呢？如图7-8所示，当你能够正视粉丝力量，学会如何满足单一粉丝需求时，让所有粉丝受益其实是水到渠成的事。

①制定生态圈规则

让所有粉丝受益，并非让所有粉丝获得相同的收益，而是让所有粉丝受益的机会相同。因此，在构建粉丝生态圈时，你必须明确生态圈规则，让所有粉丝拥有相同的机会：在对生态圈做出相应贡献之后，可以获得更多的收益；在损害生态圈利益时，也会受到相应的惩罚。

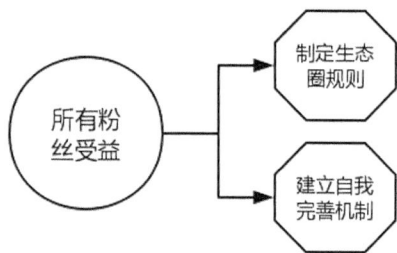

图 7-8　让所有粉丝受益的策略

②建立自我完善机制

生态圈的构建是一个不断自我完善的过程，在市场的不断变化中，生态圈并非一成不变的。而如何建立自我完善机制，以完善生态圈呢？简单来说，只有两点：

学会放权。在生态圈构建中，不断弱化自身构建者的角色，将自身塑造为维护者或平台方，让粉丝和其他利益方可以在生态圈内自由发展。直接点说，就是将更多的权力交到粉丝手中，让他们决定生态圈的完善方向。

重视反馈。当你将自身隐藏在"幕后"时，则要注重粉丝和其他利益方的反馈，在综合考量中，对生态圈的自我完善做出引导。另外，也要调和粉丝与其他利益方、与生态圈之间的矛盾。

7.5　给粉丝什么，决定粉丝的数量和质量

在考虑如何吸引更多的粉丝之前，你首先要考虑的是，你要吸引怎样的粉丝？其中的关键就在于做好自身定位。

谈到社群粉丝经济，粉丝必然是一切的前提。因此，很多人会自然而然地先想到：必须要拥有大量的用户。

然而，在社群粉丝经济时代，想要真正掘金，单纯的数量是远远不够的。**数量如果不能转化为经济效益，那么这个数字无论多高，它实际上依然约等于零。**这就像大众传媒时代的多面撒网一样，虽然仍然会有收获，但却未能享受到社群粉丝经济的效益。

1. 做好自身定位，精准吸粉

无论从苹果到小米，还是从"罗辑思维"再到知乎，对于这些品牌的用户和粉丝，我们都有这样一种印象：他们非常忠诚，是消费的绝对主力军。而对于整个市场而言，这些用户所占份额并不惊人：全球智能手机数量已达近二十亿，而苹果用户数量不过四亿，绝大多数的智能手机用户都集中于安卓阵营，但没有一家手机厂商的盈利和口碑可以与苹果相媲美。

苹果之所以做到了这一点，正是因为对于用户的精准捕捉。不求数量但求质量，因此，其粉丝不仅有消费欲望而且有消费能力。在国内市场，从小米到魅族到乐视……粉丝的效用都十分明显：每逢互联网硬件

首发的现场，涌入的粉丝，几乎成了品牌最好的"标配"。

如今的电影领域对粉丝经济更加得心应手：作家出身的郭敬明，敢于"零基础"拍电影，而其四部《小时代》竟然都拿下了高票房，正是因为粉丝的支持；《煎饼侠》之所以可以票房一路走高，正在于《屌丝男士》的粉丝培育。

那么，在"吸粉"大法中，你该如何凭借自身定位，精准吸粉呢?

①增加粉丝数量

在精准"吸粉"之前，你必须明白，你的定位在哪，并非自己拍脑袋决定的，而是粉丝决定的。因此，为了做好精准定位，你首先要从粉丝那里找到答案。

为此，粉丝的数量就必须得到保证。为了快速建立一个"大而全"的粉丝池塘，你需要根据企业的核心文化，推出一些初步的产品和服务，并借助各种较为大众化需求的"吸粉"要素，如社交平台等，吸引第一批粉丝，精准吸粉，如图 7-9 所示。

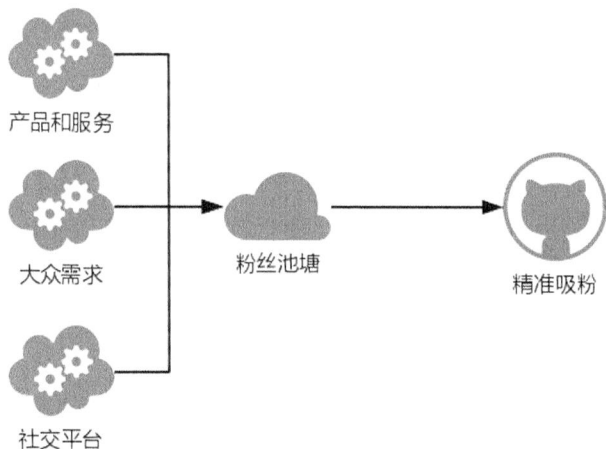

图 7-9　增加粉丝的方法与途径

举例而言：如果 80 后是你目标粉丝的属性特征之一，那么，针对 80 后群体，你可以推出相关活动，先吸引更多的 80 后粉丝。有一个微信公众号就推出"寻找七龙珠"和"我们在周星驰电影里是如何出现的"的活动，结果没过几个小时，其文章阅读量就突破十万，并由此新增数万粉丝。

②深度调查粉丝

根据企业、用户属性，你可以建立相关的论坛、微信群、QQ 群，将粉丝聚合在一起，形成粉丝池塘。

在与所有粉丝的初步交流中，你可以进一步细化分类、精准吸粉，并开始着手将用户转化为粉丝，最精准地锁定住你的目标用户，进而建立"深度粉丝交流板块""铁杆粉丝群组"等，不断与用户分享、交流，在提升粉丝归属感的同时，采集铁杆粉丝的深层需求，如图 7-10 所示。

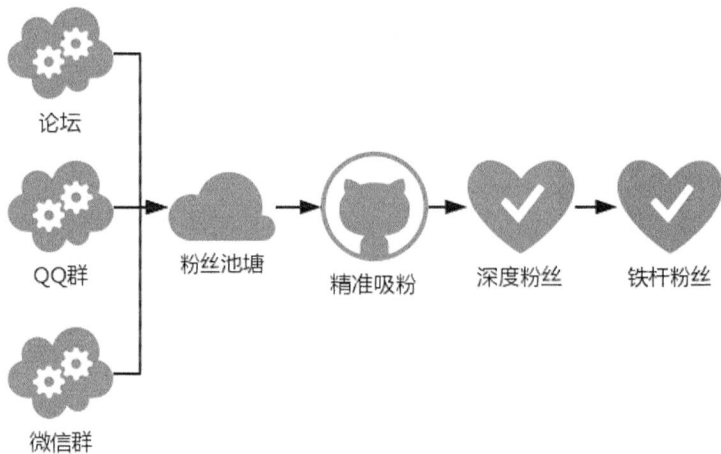

图 7-10　深度吸粉的策略与方法

也许通过这样的筛选，最终的每个细分群不过百人，与一开始的用户数量相比数量骤降，但正是这批最精准的铁杆粉，为你带来的需求信息，才是品牌精准定位的核心。

③做好自身定位

根据粉丝以及铁杆粉给出的反馈，基于你初步进行的市场判断，你就可以做出较为精准的自身定位。借助这种手段，你会发现，**在不断细分调查中，你的定位会越发完善，当参与的粉丝足够多、调查的手段足够完善，你的每个产品的每个细节，甚至都能做到精准定位粉丝需求。**

需要注意的是，在不断的细分下，你的定位必然会越来越精细，这就造成你的目标范围会越发缩小。但这种情况其实并非纯粹的坏事，因为，在社群粉丝时代，你需要服务的对象就是最铁杆的粉丝，而这必然是一个小众市场。

因此，当你把握住自身的定位时，就需要精准地吸引你的目标粉丝，而不要为了追求粉丝数量，而放弃了自身的"格调"。

2. 做好信息关联，让粉丝主动关注

在以自身定位聚焦到某个核心点时，你接下来要做的，就是根据这个核心点，进行辐射，从而扩大品牌的影响力，让更多的目标粉丝主动关注你。

很多游戏玩家可能会有这样的体验：你看到一款新出的游戏，看到各种宣传视频和游戏设置，感觉这款游戏十分有趣；于是，你想要体验一下。然而，看到游戏要求的硬件配置之后，又担心自己的电脑"带不动"；于是，你开始研究显卡、内存之类的硬件；打开相关网站之后，你突然发现有一款游戏本在做特价，还有一套游戏外设性价比很高；此时，你发现这里竟然可以使用蚂蚁花呗免息分期；于是，你购买了一套游戏装备，又成了花呗的粉丝……

对于很多女人来说，这样的体验更加常见：无聊刷着微博，看到一个教化妆术的，想要好好研究下，于是，买了一堆化妆品；看到一个教

服装搭配的，于是，又买了一堆新衣服……

在把握住你的核心内涵之后，你就需要利用信息关联，不断向外辐射，让你进入更多粉丝的视野。具体而言，如何去做呢？

①抓紧核心属性

当你做好自身定位之后，你就应该已经把握住了自身的核心属性，所谓核心属性，其实也看作对目标客户的画像。

基于自身品牌、产品或服务的属性，每个企业的画像重点都有所区别。通常来说，对于目标客户的画像，通常涵盖这样几大要素：性别、年龄、收入、职业、文化水平、地域等，如图7-11所示。当你定义好自身核心属性之后，要做的就是基于此不断提升核心竞争力。

举例而言，如果你主营化妆品销售，那么，你的核心属性就可以定义为：专做职场女性的美丽专家。

仅此一句话，此时就涵盖了目标客户的几大属性。首先，"职场女性"定义了目标客户的性别（女）、年龄（25～35岁）、地域（一二线城市）、文化水平（大专以上）；其次，美丽专家定义了你的服务范围（化妆）、服务能力（专业）。

图7-11 目标客户画像涵盖的要素

②做好关联信息

基于你对目标客户的画像，你需要找到相关性最高的信息，并进行辐射，从而扩大自身的覆盖面，让目标客户在顺藤摸瓜中，不知不觉地来到你的地盘。

那么，你该如何做好关联信息呢？

我们都明白，一个独立的人，必然拥有不止一个兴趣。一个喜欢玩游戏的男生，大概也喜欢观看视觉大片；一个爱买衣服的女生，或许也热衷于各种精致的家居饰品。

在做好目标客户的画像后，其实你就已经塑造出一个独特的个体，他有着明确的身份属性，那么，基于这种属性，你就可以开发出他的其他偏好属性，或者说次级属性。

此时，你就要考虑：一个 28 岁喜欢化妆的职场女性，还会关注什么呢？一个 24 岁热爱游戏的大男孩，还会喜欢什么呢？

当你找到这些问题的答案，挖掘到目标客户的次级属性时，你就能够将之作为关联信息。

③辐射关联信息

做好关联信息之后，你就需要由此辐射出去，寻找自己的友商，并进行合作。这样的合作，事实上能够轻易实现双赢。为什么呢？

当你找对次级属性时，你会发现，你的核心属性，基本就是友商的次级属性。因此，你能够以较低的成本洽谈合作，并由此实现大范围的精准辐射。

正如之前举的游戏厂商的案例，在电子竞技越发火热的今天，我们能够看到很多这样的案例。

比如一个游戏外设厂商，投入大笔资金赞助游戏主播、竞技比赛。为什么？因为游戏外设就是卖给游戏玩家，游戏玩家必然会关注游戏主播和竞技比赛，而在这种关注中，他们自然会好奇：游戏主播和职业玩家都用怎样的外设呢？

之所以游戏外设的玩家关注的重点，是因为，相比于游戏设备，外设的价格较低，而且关乎日常的使用体验，其独特的外观也更具炫耀价值。

对游戏主播、竞技比赛而言，他们也乐于使用厂商免费赞助的优质外设。而且，当这些外设厂商使用"某某主播推荐外设"、"某某比赛专用外设"作为宣传时，也帮助他们获取了更多的粉丝。

3. 利益捆绑，别只玩口头游戏

很多采用社群粉丝经济模式的企业，都会在平时大谈"家人"之词，并为自己的粉丝群体取个具有辨识度的名字。然而，在实际运营中，有些粉丝却会发现：所谓的"家人"只是口头游戏，企业只是想赚粉丝的钱而已。

当你融入社群粉丝经济时，你就必然要摒弃传统的商业观念：客户就是待宰的羔羊。而企业要做的是，如何让羔羊心甘情愿地被宰。

在社群粉丝经济的痛点思维下，你必须维护好你的粉丝和社群，站在他们的角度，切身考虑他们的痛点需求，并给出解决方案。这样的解决方案，不管在大众眼中多么没有存在价值，对你而言都是成功的，如图7-12所示。

因此，你必须与粉丝成为"家人"。

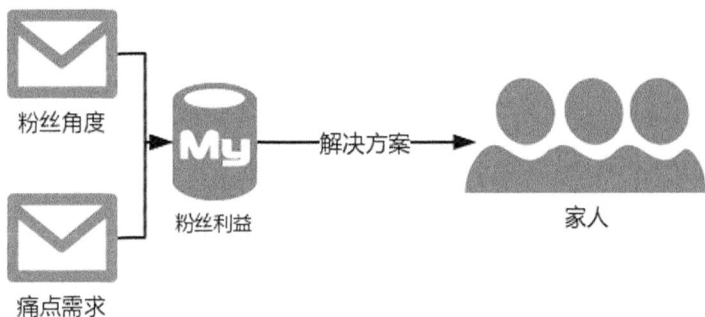

图7-12 利益捆绑，解决粉丝需求

就像在一个家庭中，当他们做出某些外人不解的举动时，可能在当事人看来，这样的举动却是调剂家庭内部关系的一种方式。

举例而言：热爱旅游的丈夫觉得工作压力很大，妻子对他说，那你别干了，我们放自己一年假，去环游世界吧。普通人觉得这很不能理解，但对于夫妻二人来说，丈夫的工作压力能够得到舒缓，也满足了其旅游的爱好；妻子觉得家里的存款够用，能够歇一年，再次享受二人世界的美好。那么，这个方案就能够成行，而无需外人理解。

为何家人之间可以实现这样的关系？因为他们实现了利益捆绑，这样的利益捆绑不仅体现在物质上，也体现在精神上。因此，家人能够相互理解，互相支持。

在社群粉丝经济中，同样如此。你提供了什么，就决定了粉丝的数量和质量。

如何与粉丝建立利益捆绑关系呢？

①满足粉丝的精神和物质需求

在"吸粉"时，你必须满足粉丝的各种需求，也就是给他们一个关注你的合适理由：或是成为他们的兴趣同好，或是获得身份情感认同，或是彰显自身的物质价值，或是解决粉丝痛点需求。

②依靠粉丝的支持和传播能力

在"吸粉"之后，为了留住粉丝，你就要让粉丝认识到：你们是捆绑在一块的。此时，你就要不断告知粉丝："**正是因为大家的支持，我们才能获得成功；我们的每一次成功，都离不开你们的传播。**"当粉丝感觉到"你没他不行，他有你很好"之后，利益捆绑也就落到了实处。

Part 8

留住"死忠粉"比"拉新"更重要

　　庞大的粉丝群固然重要，但如果没有忠实的粉丝时刻簇拥，庞大的粉丝群体也是一盘散沙。不管怎样，请给你的粉丝一个留下来的理由，让他们成为你的"死忠粉""铁杆粉"。让他们为你带来无尽的粉丝和用户，产生滚雪球效应。

8.1　给粉丝一个留下来的理由

2015 年年底，中国移动通信公司发布了手机品牌的忠诚度排行榜，数据显示，苹果手机的用户忠诚度约占 60%，排名第一；华为约占 36.5% 紧随其后，排名第二；小米则以 32.4% 屈居第三。

苹果、华为与小米，都是近十年来才异军突起的新品牌，但为什么却比 HTC、摩托罗拉这些老牌品牌还有更高的忠实度？找到了这其中的缘由，我们就能打造一批最稳定的"死忠粉"。如图 8-1 所示，是打造"死忠粉"的三个原则。

1. 立体品牌形象

苹果的品牌形象：科技感与独立气质，还有 IOS 系统的特立独行；

小米的品牌形象：创新文化和互动文化，以及 MIUI 系统的高自主开发权。

苹果与小米，会给我们带来非常深刻的品牌形象，它是充满灵动和立体感的，所以它们的粉丝会很容易说出品牌特点，以及让自己心动的爆点。而 HTC、摩托罗拉这些品牌，除了"资历深"

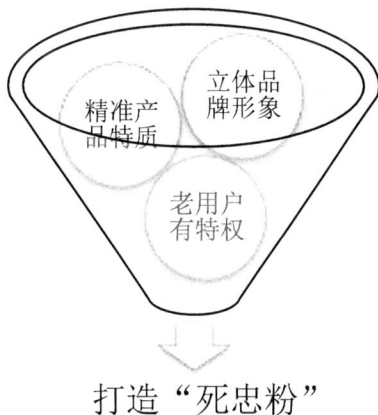

打造"死忠粉"

图 8-1　打造"死忠粉"的三个原则

之外，我们还能再想到什么？

2. 精准产品特质

哪种人群，是苹果的死忠粉？独立气质，对新兴科技充满好感；

哪种人群，是小米的死忠粉？年轻时尚，喜欢在社群内进行互动。

苹果与小米的"死忠粉"，都有非常明显人格特点。而当遇到了极具特质的产品时，他们自然从此再没有第二个选择。HTC、摩托罗拉的产品尽管型号众多，但用户很少能够说得清楚，这一款到底有怎样的优势，有怎样的特质？

3. 老用户有特权

苹果的老用户特权：新款产品上市之后，旧款产品可以抵价换购，这是其他品牌所不能提供的；

小米的老用户特权：定期举办老用户购买专场，同时优先获得抢购 F 码，既可以用于购买新款产品，又可以帮助朋友进行优先购买，如图 8-2 所示。

而反观摩托罗拉、HTC 等品牌，谁拿出了这样的诚意真正维护"死忠粉"？所以，在品牌形象没有特别气质，老用户又不能享受到一定的特权，同时产品线过于庞大让粉丝找不到定位的情况下，这些传统品牌不仅没有拉到新用户，反而让积攒了几十年的粉丝口碑在冲击下迅速化为乌有。

所以，尽管苹果与小米每年都会遇到很多争议，但是他们的粉丝忠诚度一直居高不下。在其他品牌还想着如何创造新用户的同时，苹果和小米却依靠着"死忠粉"保持着极高的品牌号召力。

图 8-2　小米送给老用户的购买特权

与其绞尽脑汁地"拉新",倒不如努力维护好"死忠粉",这样让品牌的口碑不断传播。那么,该如何给粉丝一个忠实留下来的理由呢?如图 8-3 所示。

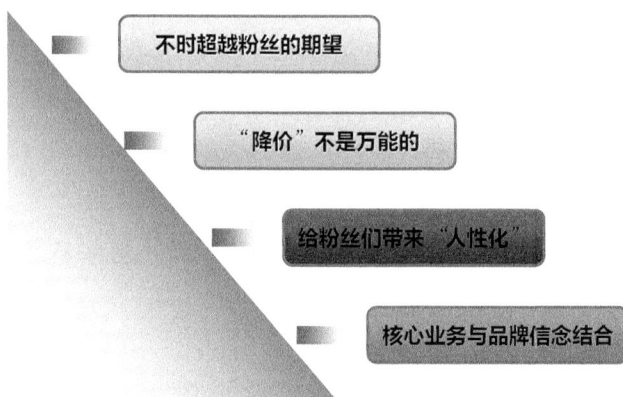

- 不时超越粉丝的期望
- "降价"不是万能的
- 给粉丝们带来"人性化"
- 核心业务与品牌信念结合

图 8-3　给粉丝留下来的理由

1. 核心业务与品牌信念结合

用户之所以能够成为粉丝，又从粉丝升级为"死忠粉"，首先在于他们完全认同了品牌的理念。而品牌的理念不仅只是口号，很多品牌在推广时各种承诺，各种体验吹捧到极致，但实际效果却完全不是这样，这就不能给粉丝们留下任何好印象。

而苹果的"死忠粉"们都知道，苹果对于产品的设计注入了多少心血，每一次升级都会带来实打实的性能提升。并且，从乔布斯到库克，他们也都一直贯彻着苹果的理念，这就是为什么每一款苹果的产品都不完美，甚至配置等有时候比友商还要低，但却依然被粉丝们宽容和信赖。

事实上，苹果很少如其他品牌一般极力鼓吹自己的配置如何、性能如何，而是给粉丝们提供一个思考：品牌信念究竟有着怎样的魅力？打造高品质产品，将最好的技术带入市场，这种业务与品牌信念的结合最具蛊惑力。

2. 给粉丝们带来"人性化"

"人性化"几乎每个品牌都在说，可是真的能做好的有几个？

举一个简单的例子，为什么一说到快餐，我们就会想到麦当劳？难道中国没有其他的快餐品牌了吗？当然不。但是，其他品牌的人性化，远远不能与麦当劳相媲美。麦当劳的洗手台总是高低结合，这就是为了既方便成年人的使用，也可以满足小朋友们自己洗手的愿望。这种大家很容易忽视的细节，正是品牌人性化的突出体现。

而反观绝大多数国内品牌，产品的主要使用价值与功能也许做得很好，但对细腻的环节却远远不足。在移动互联网时代，这一点依旧没有多少改观。看看卓越亚马逊的网站，简洁、干净，粉丝们想要购买产品非常轻松，绝不会在产品页面中迷失；而主做图书、音像的品牌还有不少，但界面华而不实、广告窗口频繁弹出，非常影响用户的体验。糟糕的体验，怎么能带来忠诚的粉丝？

所以，无论产品设计还是社群平台设计，人性化才是第一位的。追求短期利益急躁冒进，必然会导致粉丝心生不满，最终出走。

该如何提升品牌的"人性化"？这不是品牌高层"闭门造车"可以形成的，每一次升级之前，都应该了解粉丝们的心声，例如线上问卷调查、线下座谈会议等，从粉丝中直接获得数据，这才是提升人性化的第一途径。

3. "降价"不是万能的

降价的确可以满足粉丝们"性价比高"的心理，但它却不是万能的。事实上，如果一个品牌总是频繁降价，不仅不能有助于粉丝的忠诚度提升，反而还会让一部分粉丝变成价格敏感的普通消费者，对于品牌的喜爱，也仅仅只是停留在价格之上。更何况，频繁的降价会给粉丝带来这样一种印象：这个品牌的产品刚上线时利润太高了，单纯只是为了"宰客"！

苹果手机当然也有降价的阶段，但是它并不是"直接跳水"，而是随着上市时间的不断拉伸，做出正常价格调整。如果刚一上市就立刻跳水价，随后陷入更快的降价阶段，那么只会让粉丝更加鄙夷品牌的含金量。2013年HTC推出的全新旗舰机ONE就陷入了这个怪圈：上市后快速降价，被誉为"史上降价最快的手机"，结果原本有着不错体验的ONE，很快又陷于碌碌无为之中。

4. 不时超越粉丝的期望

任何人都有"占便宜"的心理，再忠诚的粉丝也不例外。所以，有的时候超越粉丝的期望，给他们带来全新的刺激，这也会让粉丝对品牌的忠诚度大为提升。而这种期望，应当是配合主产品推出的，因此应当从粉丝们的需求真正出发。就像小米推出的充电宝、耳机、智能手环，这都是米粉们非常期待的产品，而这些产品的价格也极具平民优势，还不用坐在电脑前守着抢购，所以让粉丝们感到了"超值"。"未来小米一定还有更多的东西，我必须等着看！"粉丝有了这样的思维，自然就留在了品牌的阵营之中。

8.2　社群如何让粉丝养成习惯，不想离开

有了忠实的粉丝，就有了品牌发展的基础。但是仅仅"有了"是完全不够的，提升粉丝的黏性，才能让"死忠粉"的忠诚度更加提升。尤其是以社群帮助让用户形成了行为习惯之后，粉丝就将更加表现出"死忠"的态度。

正式开始增加黏性之前，我们需要对粉丝进行一定划分，如图 8-4 所示，将粉丝划分为五类，这样才能找到相应的手段：

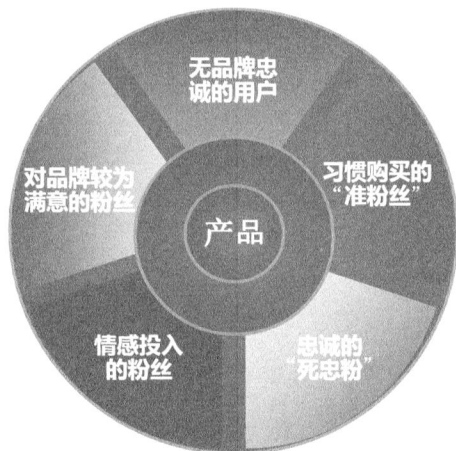

图 8-4　对粉丝进行准确划分

1. 无品牌忠诚的用户

这类用户，虽然曾经购买过品牌产品，但并没有形成完全认同的心理。通

常来说，他们会看一眼品牌的相关话题，但主要集中在价格之上，如果遇到其他更便宜的品牌就会立刻选择放弃。

2. 习惯购买的"准粉丝"

"准粉丝"相比较无品牌忠诚的用户来说，会有几个固定喜欢的品牌，也会身在社群之中，有时做出一定讨论。不过这类人还算不上真正的粉丝——如果其他品牌在广告宣传、包装装潢上有着显著特点，那么就会进行品牌转换。尤其是品牌文化的吸引，对这类人有着不可抗拒的魔力。

3. 忠诚的"死忠粉"

忠诚的"死忠粉"，已经不限于购买产品本身，更对品牌有着依赖情感。面对其他品牌的攻击主动还击、积极参加品牌的各类活动，以能够在品牌活动上"露一手"为荣。甚至，他们还成为了品牌社群的管理人员，负责诸如贴吧、微信群、QQ 群等社群的运营。

4. 情感投入的粉丝

品牌粉丝的重要组成，就是由这类能够投入真诚情感的粉丝为主。这个层次的粉丝，已经和品牌培养出了很好的互动关系，在购买产品时绝不会购买其他品牌。小米、苹果的粉丝，多数都是由这种粉丝组成，他们对品牌的使用已经渗透到了生活的各个层面。

5. 对品牌较为满意的粉丝

这种粉丝，对品牌建立了一定的感情，会在接下来的购买时，对该品牌进行第一选择。不过这种感情很不稳定，如果品牌一旦有风险，他们就会选择放弃。

这五类社群用户，涵盖了品牌用户的所有方面。如果有合理的方法进行引导，那么初级用户就会逐渐成为情感投入的粉丝，而情感投入的粉丝会进化为"死忠粉"，"死忠粉"则会变身成品牌本身，同样会对其他层次的用户产生不可磨灭的影响。

那么，该如何以社群帮助用户养成习惯，从而产生强大的品牌忠诚度呢？如图8-5所示，是帮助社群用户养成习惯的五个方法。

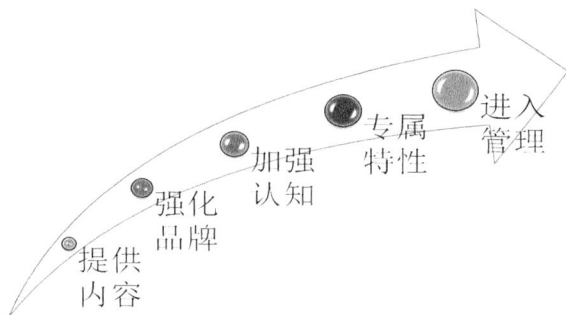

图 8-5 以社群帮助用户养成习惯

1. 提供内容：针对无品牌忠诚的用户

初级用户之所以对品牌没有忠诚度，主要就是因为对品牌不够了解。那么针对这批用户，就应该强化他们的认识，尤其是在价格和产品配置等方面。一般来说，当用户购买了产品后，就会自动成为品牌会员，所以，我们不妨定期发送一些新品信息、新品简介等，以此进一步刺激到用户较为敏感的价格心理。当用户感受到品牌的价格非常满意，同时还能通过各类信息得知其产品线丰富、折扣活动很多，自然就会养成这样一种习惯：定期关注品牌活动。久而久之，但他越来越多地选择品牌时，不就成为了品牌的粉丝吗？

想要达到这个目的，品牌就必须有渠道可以让用户接受相关信息。所以，在产品包装中附赠会员卡信息，详细告知用户如何进行会员注册或微信、微博关注，并留下邮箱等方式，这样我们才能不断给用户推送信息。

2. 强化品牌：针对习惯购买的"准粉丝"

对于已经有了购买习惯的准粉丝，单纯的品牌价格和新品上架信息，已经不能让他们养成更深一步的习惯。此时，着力推荐品牌的文化概念，例如小米的"主题一键切换"、黄太吉煎饼的"探寻最美老板娘"话题活动，会给这类粉丝带来眼前一亮的感觉。不断植入文化气质，能够促使他们对产品的关注转移到对品牌的关注，并养成闲暇之时就去社群里转一转、逛一逛的习惯，最终被品牌的内涵所俘获。

很多品牌之所以只有用户没有粉丝，就在于没有打造出一套完整的"文化内核"，让用户很容易忘记品牌的存在。所以，对于需要经常更新的微博、微信等，其内容就必须多展现文化气质，引导"准粉丝"成为正式粉丝。

3. 加强认知：针对品牌满意的粉丝

对品牌较为满意的粉丝而言，价格、新品、趣味话题活动等，已经不能满足他们的心。他们更关注的是品牌的形象健康与否、产品质量良莠与否，因为这些都关乎着自己的形象：如果他自己都觉得品牌有一定风险，那就不愿意与其他人进行分享，甚至慢慢地还会降成"准粉丝"。

如何培养这类粉丝的品牌习惯？最好的方法是引导他们进入更广阔的社群，与其他粉丝进行深度交流。因此，建立一个由粉丝做主导的论坛，就成了必须要做的事情。为什么小米的粉丝忠心不二？小米社区可谓立下了汗马功劳：无论产品交流还是品牌疑惑，所有粉丝都可以畅所欲言地互动，在别人的口碑传播之中，更加加深对品牌的认知。

社群的目的，就是给粉丝们提供一个互动的平台，让粉丝养成"有问题和其他粉丝们"一起聊聊的习惯，哪怕仅仅是分享一部电影找到了志同道合的朋友。无论论坛、贴吧，这都会给粉丝打造一个"交流闭环"，粉丝可以在其中满足一切心理，这时候他们对于品牌的依赖就会大为增强。

4. 专属特性：针对情感投入的粉丝

情感投入的粉丝，是社群里的中坚力量，直接关系着品牌未来的发展和口碑。此时，虚拟化的交流已经完全不能够满足他们的欲望了，真实生活中的交流、专属节日的 VIP 邀请券、线下活动的参与，才是他们的真正痛点。以小米为例，一年一度的新品发布会，谁可以走进现场？自然是从这些忠实粉丝中进行择选。而当这些情感投入的粉丝顺利进入发布会现场之时，又会将这份骄傲和自豪向外扩散，引发其他普通粉丝的嫉妒。结果，整个社群的粉丝都会"躁动"起来，也想拥有这样的特权。

所以，品牌的专属活动、线下活动等，就应该定期举办，并邀请这些粉丝前来参加。真实的现场气氛感受，会让粉丝有一种"美梦成真"的质感，从而逐渐成为品牌的"死忠粉"。

5. 进入管理：针对"死忠粉"

"死忠"级别的粉丝，可以不用维护吗？

当然不。"死忠粉"之所以死忠，是因为他们一路伴随着品牌的成长，这其中有一些甚至是品牌的最早一批粉丝，在社群里有着非常高的人气和号召力。如果忽视了他们，久而久之他们就会丧失了乐趣，变得消极甚至离开，给整个社群带来负面的影响。豆瓣正是因为如此，所以在改版之后尽管注册人数快速激增，但是人气已经下降了不少，尤其是曾经叱咤豆瓣的"红人"们，已渐渐选择销声匿迹。

　　该如何维护"死忠粉"，让他们继续保持着非常高的社群习惯？唯一的方法就是：让部分死忠正式进入品牌"管理层"。这个管理层不一定是真正的企业内部，但却可以给粉丝带来至高无上的荣耀：永久享有发布会参与权、社群内不同小组的管理权、可以直接进入企业总部与与品牌对话的专属权……对"死忠粉"而言，精神层面的满足，要远远大于物质奖励！

　　五个不同的社群粉丝群体，有了自己不同的兴趣点与话题点，自然就会养成对品牌充满积极意义的"正能量习惯"，从而形成稳固的金字塔形式。此时，即便品牌的新粉丝增长趋势已经放缓，但依旧可以稳定且长远的发展。

8.3　拒绝高冷，以落地真性情"发声"

雀巢咖啡曾经因为在社交网站之上对网友不当回复，导致品牌形象严重受损，流失了不少的忠实粉丝，这件案例给所有的品牌都提了一个醒：社群粉丝经济时代，品牌已经不再是高高在上的"皇帝"，高冷的姿态只会给社群粉丝们带来非常差的交流体验。

为什么品牌会从过去的主导地位，逐渐变得与粉丝开始平行？这是由于粉丝的地位逐渐上升导致的，如图 8-6 所示。

1. 粉丝有了发声的权利和平台

过去的商业时代中，粉丝与品牌之间很少有直接互动的机会，即便受邀参加品牌活动，也需要经过非常复杂繁琐的考核，普通粉丝是很难享有这样的机会的。所以部分品牌，尤其是老牌品牌，就会依旧带着一种"品牌比用户要高级"的心态处理问题。

图 8-6　粉丝的地位逐渐上升

然而，社群时代的到来，已经打破了这种不平衡。传统媒体之上，粉丝们无法发出自己的声音，但在以微博、微信为代表的新媒体之上，所有人却可以畅所欲言，并很快引发话题讨论。所以，"自媒体"时代不仅是对传统媒体的强烈冲击，更是对品牌的一次颠覆式改变：不可能继续带着傲慢的情绪面对粉丝，你的一举一动都会被数亿的网友关注。

2. 粉丝之间共同的团结心理

凭借着"自媒体"高速、便捷的特性，粉丝一旦遭遇品牌不公平的待遇，就会很快在社群中被传播。而相比较实力雄厚的品牌来说，个人粉丝始终是站在弱势的一面的，所以即便如何高级的"死忠粉"，当看到品牌恶意对待其他粉丝时，也会站在粉丝的这一边。毕竟，现实是所有人都看到的，本身就是品牌无理；同时，其他粉丝也会想：这件事如果摊到我的身上，该怎么办？所以，同情心理自然产生，从而导致品牌忠诚度大大动摇。

所以在自媒体时代，过去那副"高冷"的模样，已经完全走不通了。

苹果公司尽管拥有数量最多的"死忠粉"，并且曾经也是一副"这是你们粉丝自己的事情"的模样，但随着近年来粉丝们不断发出的抗议——区域区别对待、维修存在歧视等，也不得不做出改变，一再对粉丝做出承诺，并且"识时务"地开通了 24 小时在线客服。

在自媒体时代，没有一个品牌再能完全无视粉丝的声音，即便具备一定垄断优势的品牌。因为，还有更多的新兴品牌正在虎视眈眈之中，他们在创造着一个个充满生机的社群网络，在培养着一个个具备极高忠诚度的粉丝，如稍有不慎，那么自己粉丝群就有可能被分化、被掠夺。

该用一种怎样的姿态面对粉丝，从而维护社群粉丝，让"死忠粉"更加忠心不二呢？如图 8-7 所示，是产品面对粉丝时的正确态度。

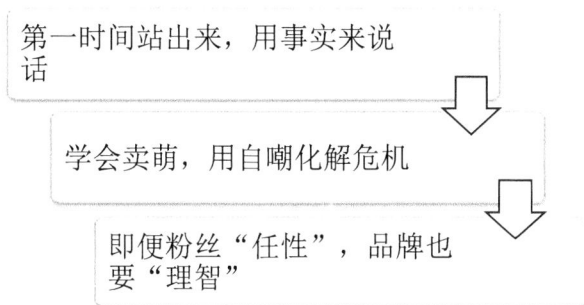

图 8-7　产品面对粉丝时的正确态度

- -

1. 第一时间站出来，用事实来说话

移动互联网时代，很多信息都呈现碎片化。尤其是"自媒体时代"个人的力量大大提升，很多粉丝发布的新闻都是断章取义或道听途说的。结果，再配合上其他粉丝的"看热闹心态"，小小的问题，就很有可能发展成一场"社群灾难"。

正是因为移动互联网的"短平快"特性，这也就要求品牌必须同样表现出真性情：快速反应，用事实来说话，传统的那套"官方×××日将会召开新闻发布会"的回答，已经很难让人觉得信服。尤其是对于很多忠诚粉丝而言，一旦听到品牌如此说，就会在各种社群里不断地传播"这该不是真的吧"的负面暗示。

所以，面对社群里出现的大规模疑问或猜测，**品牌第一时间要将权威信息发布掌握在自己手里，快速给粉丝们做出最基本的解答；随后的深度完整说明，也应该给粉丝们一个明确的时间交代，并且越快越好。**如果真的错了，就请拿出诚恳的态度做出解释，这样反而会给粉丝们留下"真诚"的印象，毕竟谁都有可能犯错；如果是被冤枉，那么更应该展示完整、准确的数据，一边拿起法律的武器，一边号召粉丝"抵制冤假错案"。危机公关如果处理得当，就会更加让社群粉丝产生共同的凝聚力，毕竟"战斗"是最容易让人团结在一起的。

2. 学会卖萌，用自嘲化解危机

既要会运用技巧和态度做正面回复，还要学会卖萌和自嘲，让品牌显得更加网络化和生活化一点。尤其是当一些粉丝受到鼓动之时，**卖萌和自嘲反而会给品牌加分：这是一种放低姿态的行为，更是一种主动融入互联网文化的行为，就像太极拳的四两拨千斤一样——将攻击的力量化解。**

微软推出的"智能少女小冰"在微博刚一推出时，立刻受到网友热捧，粉丝突破数十万，但在生动有趣的互动之中，不少粉丝开始指责其"乱说脏话"，给网友带来不好的印象，甚至请求新浪微博管理方进行封锁。很快，微软将其下架，并推出了它的 2.0 版本。而新版的小冰复活之后，用"好累啊，睡醒了"的几个字加上表情，如图 8-8 所示，宣布再次归来。没有再做太多技术上的解释，而是用一种"萌萌哒"的姿态回归，这种举动立刻让曾经倒戈的粉丝们再一次兴奋起来，并快速成为热榜话题，回帖量达到了近十万。

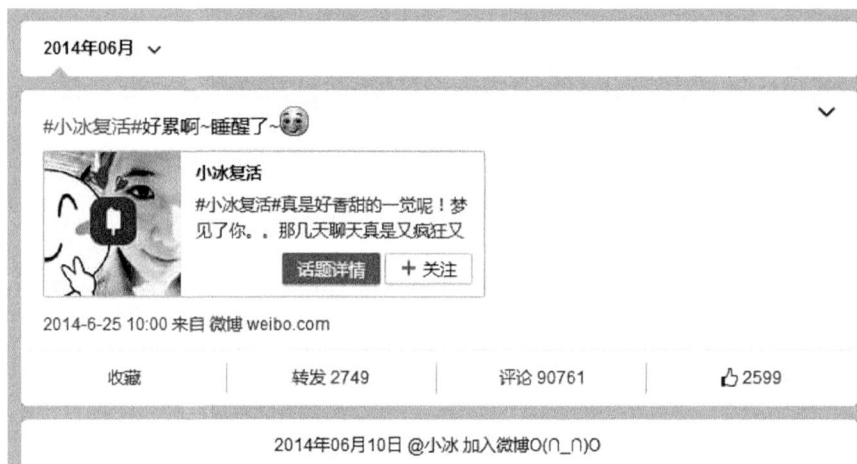

图 8-8　智能机器人"小冰"回归

3. 即便粉丝"任性"，品牌也要"理智"

不可否认，有时候一些粉丝会因为某些原因，突然对品牌表现出十分强烈的敌意，并且在社群中大肆散播品牌的坏话。面对这样的流言蜚语，毫无理智地与粉丝争吵甚至谩骂，绝对不是好的选择。魅族的黄章、锤子科技的罗永浩都曾陷入这种误区，尽管两个人最终的选择不同（罗永浩开始限制自身微博、黄章选择不再继续回复），但都在一定程度上给品牌带来了伤害。尤其是魅族，有一批粉丝认为品牌人过于没有风度，表达出了强烈的不满。

真正成熟的品牌，在面对粉丝的揶揄之时，会保持最大的冷静和理智。这里说的理智，并不是完全不说话或是一味忍让道歉，而是根据粉丝提出的批评，做出有针对的反馈，甚至还会对这样的粉丝进行物质奖励，表彰他对品牌的喜爱。毕竟，粉丝之所以发出愤怒的声音，是因为他们还在使用品牌、关注品牌，依旧是品牌的用户。当然，对于一些完全无原则的"伪粉丝"，只要不理会即可。

归根到底，品牌和社群粉丝之间应当是一种"恋人"的关系，彼此谁也离不开谁，这样整个社群和品牌都能同步成长。

8.4 "粉丝价"往往比促销更有用

品牌的粉丝活动、社群话题做得再丰富，归根到底还是要落实到销售环节之上。一个从来不能顺利销售产品的品牌，即便口碑多高，也不可能产生任何价值。所以，销售同样是社群经济时代的重要环节，不过与过去的价格制定来说，现在的品牌价格呈现出多元化和艺术化的特点，让价格也能够成为社群的话题之一。

而在林林总总的价格模式中，我们常常会看到这样的词汇：促销、最高优惠、限量折扣、限期抢购价……可是结果哪一种真的让粉丝记在心底？有的时候，粉丝们甚至还会有这样一种怀疑：所谓的促销，是不是仅仅只是虚构一个高价，然后再放出一个常规价格的"促销价"？这种弄虚作假的举动，这两年在新闻中频繁曝光。

各种打着"促销"名号的价格制定，不仅不能创造很好的话题，给粉丝们带来一种亲密感，还会引起不必要的猜测，所以在社群粉丝时代，"促销"并不能见得能给粉丝带来积极的意义。

有一个全新的名词，却能起到很好的作用——粉丝价。粉丝价，顾名思义，就是给粉丝专属的价格。与传统的促销等手段相比，粉丝价会有怎样的特点呢？如图 8-9 所示。

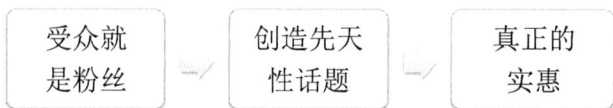

受众就
是粉丝 ▷ 创造先天
性话题 ▷ 真正的
实惠

图 8-9 商家推出粉丝价的特点

1. 受众就是"粉丝"

促销的受众是所有人，所以这有一个非常明显的缺点：不够精准。不够精准的投放，只能导致所有人都不会在意，很快便被遗忘。但"粉丝价"却不同，它所针对的受众群，只有关注了品牌的粉丝，其他人是不可能享受的。这样一来，粉丝们就会得到了一次提升"格调"的待遇：人人都可以买，但是我买的价格，会比你低很多！

一旦一部分人有了"格调"，这时候炫耀的心态就会出现——微博、微信朋友圈之中，会有粉丝主动进行分享，无形之中品牌的概念就被迅速传播开来。

2. 创造先天性话题

将可以享受优惠价格的人进行前期筛选，这就会无形之中创造一个话题："如何才能成为粉丝，享受极具优惠的价格？"自然而然，社群之中就会出现一批前来咨询的人，从而带动社群有了全新的话题动力。

3. 让粉丝感受到真正的实惠

粉丝虽然是品牌的后盾，但如果可以以优惠的价格得到产品，那又何乐而不为呢？更何况，品牌拿出一部分利润给粉丝，也是回馈粉丝、维护粉丝的一个手段。尤其当粉丝在精神层面得到满足的同时，还能再得到价格实惠，这种双重奖励对粉丝而言可谓最大的礼包。

"粉丝价"比促销有更加积极的作用，那么该如何正确运用这个策略呢？要想做得更好，企业应该坚持粉丝价四原则，如图 8-10 所示。

1. 公平公正

既然名为"粉丝价"，那么就必须做到公平、公正，可以享受的人必须为粉丝。

部分品牌在发布"粉丝价"活动时，并没有完全遵守这个原则，所有看到的人都可以参与，"粉丝价"仅仅成了一个幌子。结果，粉丝在社群聊天时发现：获得特权的人根本不是粉丝，会立刻对品牌的公信力产生怀疑，不免大呼失望。

那么，该如何保证真的是粉丝最终获得了"粉丝价"的特权？有一个很简单的方法就是：利用网络 ID 进行确认。社群借助于互联网存在，每个粉丝都有自己的一个独立 ID，所以在购买前或活动结束时，必须出示个人 ID 账号，然后在相关平台进行回帖，这样就能完全避免非粉丝用户占用了名额。

2. 数额限定

小米手机在初期发展之时，为何一而再、再而三地借助"饥饿营销"的手段？正是因为抢购会给粉丝带来一种荣誉感，就像一场体育竞赛一样，谁抢到最前面，谁才能获得这份奖励。

"粉丝价"的活动制定，也应该带有这样的心理学因素。品牌可以设定较多的名额，但是这必须有数量的限定。例如品牌的粉丝在 1 万人左右，那么粉丝价购买数量不妨为 6000 个，这样既满足了大多数粉丝都可以享受折扣的权

图 8-10　粉丝价四原则

利，又能产生一些较为紧张刺激的气氛，从而给粉丝群带来非常积极的影响。

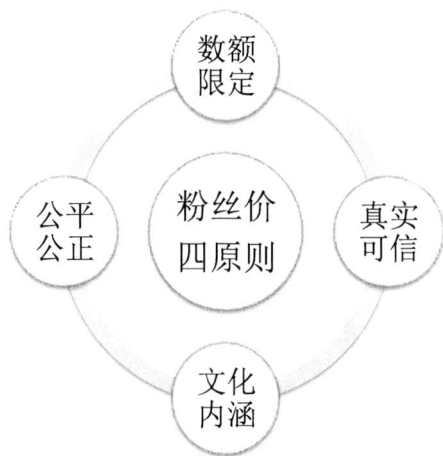

3. 文化内涵

2014 年，最轰动的 3C 事件就是小米、魅族、锤子的"1799 元事件"。雷军、

黄章、罗永浩针对魅族 MX4 的 1799 元定价展开了一系列争论，让"1799"成为了热门数字。

为什么三家品牌，都会对这个价格格外在意？这是因为这个价格的背后，透出了这样的信息：各家旗舰级的价格如何火拼？智能手机的成本底线到底在哪里？"1799 元事件"折射出了三家不同的文化内涵，而魅族显然成为了最大的赢家：既在旗舰级的价格战中占据先机，又让品牌成为了互联网的热门话题。

所以，在制定"粉丝价"时，我们也要找到真正能够掀起粉丝痛点的内容，如图 8-11 所示：

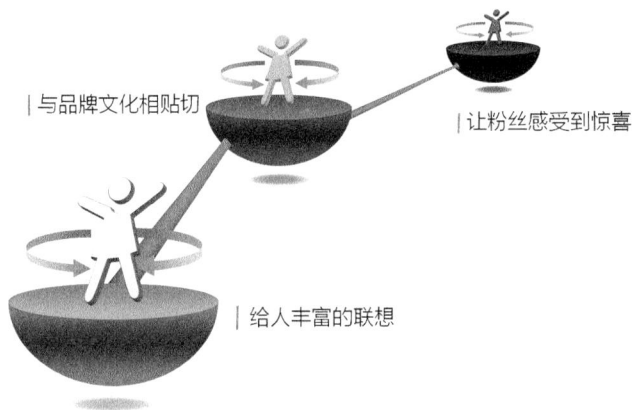

与品牌文化相贴切

让粉丝感受到惊喜

给人丰富的联想

图 8-11 善于抓住能够掀起粉丝痛点的内容

①**让粉丝感受到惊喜**。与标准价格相比，"粉丝价"必须足够优惠，或是产品配置高于标准，给粉丝带来"物超所值"的感受。粉丝感到"占了大便宜"，自然就会在社群内尽可能地炫耀，从而满足内心的兴奋；

②**与品牌文化相贴切**。初建品牌的年月日、初建团队的人数、第一个社群的粉丝数量……这些数字，对于品牌来说都是很具有纪念意义的。所以，借助这些富有内涵的数字制定"粉丝价"，既会让粉丝体会到一种感动，又能够让

品牌的形象更加饱满和利于传播；

③**给人丰富的联想。**有时候"粉丝价"的制定不一定那么外露内涵，反而可以透出一种神秘的气质——可以给人带来联想，但官方又没有特别说明。这时候，粉丝也自然会进行大胆地猜测和讨论。而当"粉丝价"活动正式结束时，品牌再将真正的原因公布于众，从而将由"粉丝价"引发的话题尽可能延伸。

4.真实可信

品牌最忌讳的，是自己的粉丝发现品牌弄虚作假。这其中，尤其集中在淘宝开店的中小品牌之上：每逢淘宝举办大型促销活动，就会在店铺内设定"粉丝价"，但真正的粉丝却一眼会发现当天的价格，甚至还要高出平常。这种不诚信的行为，只会让粉丝感受到被欺骗、被伤害，从此以后彻底拒绝这个品牌。

维护一个老粉丝，比拉来一个新人更重要。老粉丝才是最信任你的人，如果他们都选择离去，品牌谈何发展？更何况，老粉丝最有发言权，如果他们将品牌的不诚信极力宣传，会给品牌带来致命的打击。品牌再小，也有自己的发展规划，如果一开始就因为价格让粉丝们流失，那么未来就丝毫没有发展的可能。

8.5 新粉丝都是"死忠粉"带来的

战争的年代,军队的实力看兵力强弱。而社群粉丝时代,品牌的战斗力,则主要看粉丝的能力。尤其是"死忠粉",他们就像三国时期的关羽部队,也许数量上不占优势,但战斗力(经济价值)却高得惊人。更重要的,则是其广泛的影响力——听到关羽的军队正在招纳士兵,但凡渴望在战场创造奇迹的人,必然会毫不犹豫地加入。

品牌的社群"死忠粉",正有这样的影响力。苹果之所以在中国快速被接受,一批从 iPhone 3 时代就开始使用苹果的"新粉丝"立下了汗马功劳——他们不断向其他人灌输着苹果的种种优点,最终直接点燃了 iPhone 4 在中国的全面爆发。

每一个有追求、注重品质的品牌,在经历了最艰难的发展初期后,必然会从粉丝中产生一些"死忠粉",即便他们的数量还很少。但"星星之火可以燎原",如果给他们提供了很好的服务,那么新粉丝就会在他们的引导之下,源源不断地进入社群之中。所以,有人将"死忠粉"称之为"种子用户",有了他们,社群这片土壤上就会逐渐长出更多的植被,就像原始森林一般即便无人看护,也会在大树的周围出现小树、小草、青苔等充满活力的生命物。

该如何借助"死忠粉"的能量,吸引新粉丝的注意力呢?

1. 建立明星"粉丝组"

小米的粉丝分类在国内领域最为专业，形成了很完整的关系链。而小米社群中的"死忠粉"，有一个专有名词：荣组儿（荣誉开发小组成员），如图 8-12 所示。这个小组的成员，不仅可以第一时间获知小米的相关动态，甚至可以参与公司新产品的开发、试用和决策，在米粉之中简直就是神一样的存在。

图 8-12　小米荣誉开发组

时至今日，只要能够进入"荣组儿"，那么这就意味着你成为了小米社群中的"明星"，自身将会拥有大量的粉丝。这样的"死忠粉"做出的评测和推荐，总是会引起强烈的粉丝效应。而这些"死忠粉"，也都有这样的一些特质：具备非常高的专业素质，甚至达到专家级别；热衷于和网友进行互动，第一时间解决问题；奇思妙想非常多，总是给品牌带来非常具有建设性的意见。

正是凭借着这群"死忠粉"的影响力，小米可以更加"接地气"地打开局面，吸引到更多的粉丝。毕竟，品牌终究与普通网友有距离，并且品牌的概念太过模糊和抽象。但"死忠粉"却不一样，他们是真实存在的人，所以更容易被信赖。

所以，在建设社群之时，品牌就要有所观察，对于那些活跃且具备高素质、高技能的粉丝，一定要多多培养和交流，争取让他们成为整个粉丝群众的明星。当品牌拥有了一个稳定、专业的"死忠粉丝团"，那么他们就会帮助品牌拉来更多的新粉丝。

2. 给"死忠粉丝团"奖励

对于"死忠粉丝团"的培养和维护，不能仅仅只停留在口头上，而是应当实打实地有所表现。就像小米对于"荣组儿"成员的维护，参与公司新产品的开发、试用和决策是为了让他们可以近距离感受小米，满足物质方面的追求；而另一方面，小米还在社群之中给予了更多的精神奖励：特殊色彩头衔、发帖醒目显示等，如图 8-13 所示。

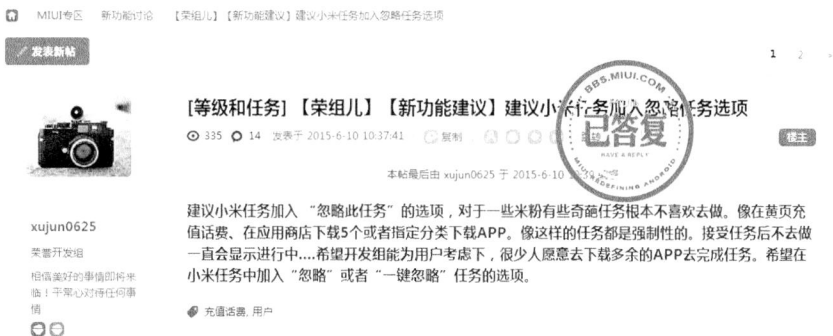

图 8-13　小米给予粉丝的精神奖励

物质奖励 + 精神奖励，才能最大限度提升"死忠粉丝团"的"格调"，让他们在社群之中显得鹤立鸡群。当体会到了别样的美妙滋味，并感受到了品牌对自己的尊重时，他们就会不遗余力地协助品牌进行社群建设与推广。

3. 建立"死忠粉丝团"的晋升与下降体系

死忠粉的重要目的，就是利用自身的影响力和非常专业的知识能力，不断给社群带来深度话题和活跃度，所以对于"死忠粉丝团"的组成不能一成不变，如果普通粉丝展现出了足够的影响力和专业能力，那就应该吸纳他们进入最高层的"死忠粉丝团"，并给予相应的奖励；相反，如果长期不再说话，那么就应该将其降级。

这样做的目的，一方面为了让"死忠粉丝团"**保持活跃状态**，让身在其中的高级粉丝们**愿意互相分享和交流**；另一方面这是给所有粉丝**做出榜样**：如果顶级粉丝之间都已经死气沉沉，那么就更不要说普通粉丝了。完善的粉丝晋升体系，会不断**诱发普通用户加入社群**，为成为"死忠粉"而努力，也会让"死忠粉"们意识到：得到了这份荣誉，就意味着自己的责任会更大，如图 8-14 所示！

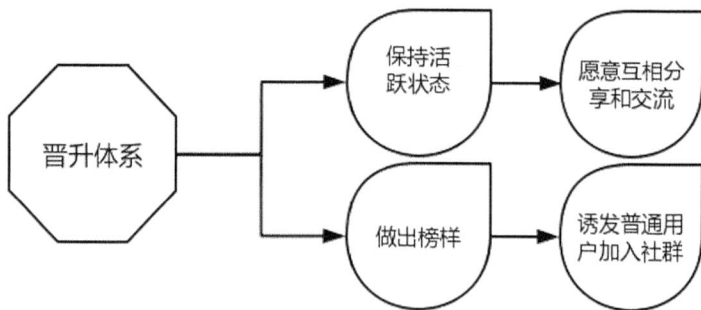

图 8-14　建立"死忠粉丝团"的晋升与下降体系意义重大

4. "死忠粉"的高端聚会一定要报道

通常来说，"死忠粉"群体因为有了较高的社群知名度，所以他们之间的聚会有时候会拒绝普通粉丝参与，话题多集中于较为深度的"品牌发展策略"之上。对于这样的高端聚会，品牌首先应当定期积极组织，同时还应当在论坛、微信、微博上进行报道，甚至不妨联系媒体发送新闻通稿。而对于一些提出了专业建议的"死忠粉"，更应当配合图片和文字采访，这样才能让"死忠粉"的亮点更为闪光。

试想，当准消费者看到品牌用户做出一系列分析和讨论之时，会对品牌产生怎样的印象？"一个粉丝之间的聚会，就达到了如此高端的境界，那么这个品牌的价值更加难以估量！"所以，这些新粉丝就被"死忠粉"们吸引而来。

5. 注意："脑残粉"不是"死忠粉"

脑残粉，这也是在社群粉丝经济时代出现的一个特有名词。什么是"脑残粉"？就是指那种疯狂迷恋品牌的粉丝，甚至到了不分黑白地支持品牌，只要看到有人批评，就会第一时间蹦出来投入"战争"。

表面上看，"脑残粉"与"死忠粉"有一定相似：对品牌保持了极高浓度的爱。但事实上，"脑残粉"与"死忠粉"却有着本质的区别：理智与思考。

"死忠粉"可以根据品牌的发展，做出自己合理的判断，并对品牌的一些决策提出建议，但"脑残粉"却不会，只是一味地叫好。

"死忠粉"能够听取其他品牌粉丝的建议，只要不是恶意攻击，并且言之有物，那么他们就会虚心接受，但"脑残粉"却做不到，根本无法容许任何形式的批评，即便是对的。

品牌可以给予"死忠粉"一定的权限，因为他们会用理智帮助品牌成长，用专业知识让新粉丝折服，但"脑残粉"有时候却显得过于情绪化，总是用一种敌对的情绪面对所有人，并且不容许反驳，这反而会给不少新人带来很差的印象：粉丝这么任性，品牌是不是也这样？

当然，并不是说"脑残粉"不好，事实上他们正是品牌的主力消费军。但是，品牌必须对他们做出限制和引导，告诉他们什么才是真正的粉丝，避免他们因为意气用事反而对社群建设带来负面影响。

8.6 对症下药，塑造粉丝经济生态链

"三流的社群做功能，二流的社群做品牌，一流的社群做灵魂"，那么所谓的灵魂到底是什么呢？那就是"人格魅力体"，这既可以是社群创建者自身的魅力，也可以是社群内部塑造出来的人格形象，总而言之，它就是一个供粉丝崇拜的对象。

而"人格魅力体"要发挥作用则离不开粉丝经济思维。2014 年可以说是粉丝经济的爆发年，无论是卖手机的小米、罗永浩，卖电影的郭敬明、韩寒，还是卖化妆品的 WIS，都依靠粉丝获得了超乎想象的成功。

那么，作为社群的创建者，我们究竟要如何通过借助社群粉丝经济去复制，甚至是超越他们的成绩呢？总结来说，只需要做到以下四点。

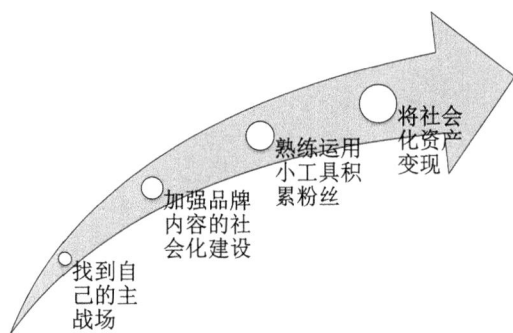

图 8-15 塑造粉丝经济生态链的步骤

1. 找到自己的主战场

要运用好粉丝经济思维，就必然需要一个将粉丝聚集起来，并不断获取新粉丝的平台，这个平台就是社群。互联网和社交平台的蓬勃发展，让我们能够便捷地找到各种形式的网络聚集地，如论坛、QQ、微信、微博等。面对如此多的选择，社群创建者必须要找到自己最擅长的主战场。

其实，各类平台都有其独特的优点：论坛可以作为粉丝聚集的"大本营"，在这里，我们既可以发布各种活动公告、软件推广，也可以让粉丝在其中进行意见反馈、问题求助；通过建立几个超级 QQ 群，则可以让粉丝聚在一起进行即时交流，相互促进感情，从而提升粉丝忠诚度；微信作为时下最流行的移动即时通信工具，自然需要重视，我们可以创建公众号、服务号来提升客服质量，并随时随地地与粉丝进行交流；而微博则应该成为大多数社群创建者推行粉丝经济的主战场。

在国内的各大社交平台中，微博无疑独占鳌头。与此同时，凭借关注、转发、评论、话题、抽奖等多种互动功能，微博也能够很好地满足社群构建者与粉丝互动的需求。而且，微博互动的公开性和广泛传播性，也能够帮助社群创建者迅速吸引更多的微博用户成为自己的粉丝。除此之外，微博与阿里巴巴的合作，也让我们看到了微博粉丝快速变现的可能。

事实上，《后会无期》、《小时代》、WIS、锤子手机等产品的成功，都离不开微博这片粉丝经济的最佳土壤。《后会无期》尤其如此，这部电影之所以能够获得 6.3 亿元的票房，其中一个极为重要的原因就是：从开拍开始，参演明星就纷纷发布微博或吐槽、或感想，尤其是导演韩寒更是凭借不断发布女儿的萌照成为"国民岳父"，在这样的疯狂传播中，《后会无期》自然可以斩获不少。因此，在推行粉丝经济之前，社群创建者一定要认识到某一社交平台的主战场地位。

2. 加强品牌内容的社会化建设

无论是在传统互联网时代，还是在移动互联网时代，作为社群创建者，都很重视品牌内容的建设，希望以针对目标消费者的品牌内容打动消费者,如独特、创新、高贵等。而在粉丝经济思维下，社群创建者更应该加强品牌内容的社会化建设，如图 8-15 所示。

在移动互联网时代，粉丝已经从传统的"被动接受者"成为了掌握传播主导权的"主动参与者"。面对这样的变化，社群创建者在品牌内容建设方面就不能再"想当然"地去做，而是要通过微博等社交媒体，表现出社会化、年轻化的品牌形象，而最重要的则是做到"接地气、说人话"，从而让粉丝真正的将我们的微博看做是"人格魅力体"，从而产生亲近感。

在微博中，这样的例子比比皆是：小米 CEO 雷军的个人认证微博会在 22 分钟内回复粉丝关于手机的问题;阿里巴巴旗下的各大产品账号更是互相吐槽，甚至会吐槽他们的"老大哥"——马云……

3. 熟练运用小工具积累粉丝

随着微博的日益发展，微博上的各种小工具也层出不穷，社群创建者将微博作为主战场之后，切不可忽视对于这些工具的熟练运营。其中最为重要的则是微博话题，对于微博话题的熟练运用，可以为企业积累大批的活跃粉丝。

2014 年春节期间，微博举办"让红包飞"活动，大批企业通过这项活动激励粉丝参与。其中，某企业更是在短短的 40 天内实现了"抽取红包数 453 万，粉丝增长 243 万"的惊人成绩。而在《爸爸去哪儿》中，其赞助商伊利 QQ 星同样依靠微博话题，在三个月内获得了高达 202 亿次的活动曝光！

除了微博话题之外，品牌速递、微博精选等微博应用，同样能够帮助企业精准地触及到潜在目标用户。交流互动离不开工具的帮助，微博中的各种应用都能够有效推动领导者与粉丝互动，从而让粉丝数飞起来。

4. 将社会化资产变现

粉丝经济的最终目的并不在于粉丝数量的增长，而是在于如何在积累大批量的忠诚粉丝中，并将其引导为购买力。对于社群创建者而言，粉丝就是一种"社会化资产"，而资产的作用正是产生收益。

而"微博支付"的上线，让微博这一社交产业链正式实现了闭环。社群创建者可以直接利用微博完成整个销售流程。因此，社群创建者在微博上的战争，其实就是基于微博打造 O2O 闭环的过程。而为了让粉丝这一社会化资产变现，社群创建者则可以选择一些合理的方式给其以刺激和引导，比如打造粉丝专属产品增强粉丝的被认同感，并推出预约、抢购等活动提升粉丝的参与感等，让粉丝能够心甘情愿地为产品和服务掏腰包。

在可以预见的将来，中小企业间的竞争将不再局限于产品或营销，而是生态体系的对抗。当追求个性化和彰显自我的"80 后""90 后""00 后"成为主要消费群体之后，如何研究用户的心理、对症下药成为企业在市场竞争中取胜的关键。

粉丝经济其实就是一种"让千万人参与、千万人研发、千万人设计、千万人购买、千万人传播"的经济模式，社群创建者必须重新定义社群、产品与消费者之间的沟通模式，从而形成以社交平台为核心的粉丝经济生态链。只有这样，社群才能形成良性的发展态势，不断壮大。